家庭系统排列
重建家庭秩序 让爱自然流动

郑立峰 著

化学工业出版社

·北京·

图书在版编目（CIP）数据

家庭系统排列：重建家庭秩序　让爱自然流动／郑立峰著. —北京：化学工业出版社，2016.10（2025.1重印）
ISBN 978-7-122-27974-3

Ⅰ.①家… Ⅱ.①郑… Ⅲ.①家庭关系-研究-中国 Ⅳ.① D669.1

中国版本图书馆CIP数据核字（2016）第 208603 号

责任编辑：赵玉欣　王新辉　　　　　装帧设计：溢思视觉设计
责任校对：陈　静

出版发行：化学工业出版社（北京市东城区青年湖南街 13 号　邮政编码 100011）
印　　装：大厂回族自治县聚鑫印刷有限责任公司
710mm×1000mm　1/16　印张 13　字数 194 千字　2025 年 1 月北京第 1 版第 16 次印刷

购书咨询：010-64518888　　　　　　售后服务：010-64518899
网　　址：http://www.cip.com.cn
凡购买本书，如有缺损质量问题，本社销售中心负责调换。

定　　价：38.00 元　　　　　　　　　　　　　　　　　　　　　版权所有　违者必究

序

2000年，美国盐湖城，我在Anchor Point Institute开办的催眠治疗师课程班上课，学员轮流在下课后介绍本人的专项。一位叫简·彼得森（Jane Petenson）的学员（系统排列大师级人物）演示了家庭系统排列。当时我为之震撼。我马上给了自己三句话：我要学会这套技术；我要把它介绍到中国；我不会用它来赚钱。

最早把系统排列引入中国的是台湾的周鼎文老师，他在2002年把伯特·海灵格老师请到台湾主持工作坊，我则在2003～2005年三年之间，在中国（包括香港）为海灵格老师开办了十场工作坊。郑立峰老师是最早在这些工作坊出现的学员之一，在此后的十多年里，郑老师努力不懈、孜孜不倦地参加欧美的系统排列工作坊，邀请外国顶尖大师到国内讲授及分享心得并且积极参与国际性的系统排列组织。在推动"系统排列规范化"这件事上面，郑立峰老师是国内第一人。

我的确是把系统排列引入中国大陆的人，但是在传播普及、研究发展的工作上，周鼎文老师及郑立峰老师所做的远远比我多，尤其是在跟国际接轨并进，把学问规范化、理念完整化等工作上，郑立峰老师实在居功至伟！

我的使命定位是"信差"，对象是"人"而不是"信"；所以我视所有学问为"让人每天生活更轻松满足、人生成功快乐"的工具。我认为学问是为人服务的，我研究追求的是更多更有效的工具，所以，我从不停留在任何一门学问里。

让我人生开始改变的是NLP（神经语言程序学），而系统排列让我能够从生活层面提升到生命层面，更达到系统层面。10个工作坊40多天在海灵格老师身边，加上去世界各地参加大师们主持的工作坊，共100多天体验系统层面呈现的，奠定了我今天比较完整的思维能力及学问框架。假如NLP是提升脑思维的能力、催眠是探用心（潜意识）的能力、能量心理学（EP）是发挥身体的能力，系统排列则是把所有的能力结合，成为完整的"我+人生+世界"的学问。

这几年我开始深入地研究我称之为"系统动力"的学问：世界、人、事物运作的法则。系统排列是呈现系统动力的技术，更是当下最能规范、务实、有系统地传播的技术。系统排列技术触碰到的层面，其他学问极少触碰，而这个层面却是我们存在于其中的世界里最重要、最关键的层面，一切问题来到这里都得停下，这里是终点，也是完满和谐的根源。

从本书的目录就可以知道，郑立峰老师已经写出了系统排列方面至今最完整齐全的指导宝典，书的内容明显是郑老师多年钻研与发展的宝贵成果。他在系统排列这一门学问的理论、技术及经验，在国内已无人能过其右。这本书彰显了他在这门学问的权威地位。同时，对立志学好这门学问、做好一个系统排列指导师工作的朋友来说，也是一份非常全面、宝贵的指导资源。

系统排列在国内日渐普及，与任何新兴的学问一样，一方面会有人不求甚解、不负责任地分享，另一方面也有很多人想严谨、认真地帮助这门学问继续发展。郑老师这本书非常及时地填补了一份求知、求正解的需求。

对于尚未认识系统排列的朋友，我会推荐张虹桥医生翻译的《谁在我家：海灵格家庭系统排列》一书；而对于已经参加过工作坊、想进一步了解系统排列，或已经在组织、主持、授课的系统排列导师们，这本书是你必须拥有的！

2016.7.1

前言

十年磨一剑，到2016年我专职作系统排列导师已整整十年，这本书是十年实践的总结。

2000年我在李中莹老师那里第一次接触到家庭系统排列，当场为之震撼，很想了解清楚这门学问是怎么回事。当时有同学介绍，德国有系统排列的培训课程，问题是三天后就举行。我当时还在企业工作，马上向老板请假，当然是先被骂了一通，然后老板说因为是淡季，你就去吧。我之后马上报名，德国主办方表示已经满员，但刚好有人退出，就收了我。我再订机票，旅行社的人告诉我，我的运气好，最后一张机票被我买到了。到了德国会场，所有的床位、附近的酒店全部爆满，主办方给了我一个50多平米的会议室住，为我安排了床褥，有独立的洗手间、茶水间，把同行的同学羡慕死了。接触系统排列后，仿佛一切都在为我安排铺路，这种感觉让我冥冥中觉得这就是我未来的方向。

这样一开始，我每年都去德国上课。第一年听不懂；第二年听懂了，做不到；第三年做到了，做不好；第四年做好了，没自己的风格；第五年才真正有了自己的风格。这时候我辞去了公司的工作，专职做家庭系统排列导师。刚出道，其实很迷茫，不知道从何开始。有人提议我，可以请系统排列的创始人伯特·海灵格先生来香港。我怦然心动，写了封邮件给他，也没寄太大希望。谁知道他一口答应。2006年，香港的工作坊来了三百人，一下子把我的市场问题全解决了，而后顺利进入内地。

过去十年间，我处理了一万多个个案，平均每年组织四十场工作坊或导师培训课程，积累了大量经验，也遇到了很多问题，同时看到中国真正的需要在哪里。第一个看到的问题是，因为现有系统排列相关的书籍，很多都是从德文或英文翻译过来的，由于文化的差异，一些关键的概念没多少人能读懂。第二个问题跟创始人海灵格有关，他是个非常优秀的治疗师，但不是个专业的讲师，有些概念比如现象学，他讲得非常模糊，造成后来人学习的困难。第三个问题是，系统排列作为新事物，20世纪80年代初才被发现，20世纪90年代才开始大力传播，是非常年轻的学问。学习的人很多，但是能做好，又能讲清楚的人世界范围内都没几个，更何况2000年之后，系统排列才在中国出现。编写本书的初衷，就是用中国人的语言，结合中国的国情，来解释家庭系统排列。同时把海灵格很模糊的概念讲清楚。更进一步地把家庭系统排列分解成原理、方法、运用，这样能让更多的中国人可以学习系统排列、理解系统排列、运用系统排列去自助与助人，让中国人多一个选择。这也是我身为家庭系统排列导师的使命。

郑立峰

2016年7月27日

于杭州

目录

第一章 基本概念

第一节 家庭系统排列的研究对象 / 002

　　爱的开始 / 002

　　爱的两种表现 / 003

第二节 研究爱的法则和秩序的重要性 / 005

第三节 家庭系统排列的方法论 / 008

　　现象学的基本概念 / 008

　　现象学与科学的关系 / 010

　　应用现象学的三种态度 / 011

　　系统排列中的"觉察" / 013

第四节 系统排列中的良知 / 014

　　良知的定义 / 014

　　良知的冲突 / 014

　　个人良知的界定 / 014

　　系统良知的界定 / 018

　　个人良知背后的正面动机 / 018

　　心灵成长的生命规律 / 019

　　伟大良知和伟大心灵 / 022

第五节 常见的关系问题模式和解决方法 / 024

　　爱的秩序被破坏后的问题模式 / 025

　　常见的成长问题模式 / 027

第六节　系统排列中常见的情绪模式　/ 028

　　原生情绪　/ 028

　　派生情绪　/ 029

　　转移情绪　/ 030

　　超越情绪　/ 030

第二章　两性关系　/ 31

第一节　爱，从两性关系开始　/ 032

第二节　两性关系的三大动力　/ 034

　　两性之间的连结——整体　/ 035

　　付出与接受的对等——平衡　/ 037

　　跟随与服务的协调——秩序　/ 049

第三节　传承爱的情感模式　/ 062

　　一见钟情是投射　/ 062

　　二见钟情才是真　/ 062

　　两性四情定终身　/ 068

　　残害夫妻关系的十二副毒药　/ 073

第四节　两性关系案例　/ 077

　　你的心灵空间给伴侣腾出位置了吗？　/ 077

　　接受爸爸，才能接受男友　/ 080

　　只能接受做老公的男人　/ 086

　　告别离世亲人，才有美满未来　/ 088

　　长大做女人，才有真老公　/ 092

　　小孩的状态，有时可以保留　/ 095

　　当和一个躯壳结了婚　/ 098

　　妈妈的寂寞，我继承着　/ 103

爱得太深，反不见了爱　　/ 106

性冷淡，或许不是你的错　　/ 113

一种常见的过界——第三者　　/ 116

新系统优先是原则　　/ 120

"对不起"是最难说出口的话　　/ 122

女人的"离婚"威胁　　/ 125

别自己把老公送走　　/ 129

除却困扰，从纪念堕胎孩子做起　　/ 133

自毁行为，通常在为堕胎赎罪　　/ 140

第三章　亲子关系

第一节　亲子关系的三大法则　　/ 146

　　亲子关系的整体性　　/ 146

　　亲子关系的平衡性　　/ 148

　　亲子关系的次序性　　/ 155

第二节　亲子关系中的难题　　/ 156

　　伴侣拿孩子当借口　　/ 156

　　夫妻离婚，孩子的监护权的归属　　/ 157

　　收养　　/ 157

　　非婚生子女　　/ 158

　　乱伦　　/ 158

第三节　亲子关系案例　　/ 160

　　厌学的孩子　　/ 160

　　女儿不愿上学的真正原因　　/ 162

　　愤怒背后的爱　　/ 164

　　亲子关系中断　　/ 165

　　母亲自己的身世，影响跟下一代的关系　　/ 169

　　封闭的心灵　　/ 173

接纳妈妈　　/ 175

单亲不是问题　　/ 177

承认继母的地位　　/ 180

我离不开父母的家　　/ 181

第四章　转化仪式

连接 — 接受父母仪式　　/ 185

成人礼　　/ 186

成家礼　　/ 187

接受孩子仪式　　/ 188

分手仪式　　/ 190

告别仪式　　/ 191

回归仪式　　/ 192

归位仪式　　/ 192

划清界限仪式　　/ 193

化解双重转移仪式　　/ 194

附录　系统排列导师的职业规范　　/ 196

第一章 基本概念

家庭系统排列的研究对象是"可以传承生命的爱"。

系统排列的核心或"解决之道"可以总结为如下三点。

正视历史，面对真相，不加评判地尊重及纪念（祭奠）所有人。

吸取先辈的教训，找到生命和自然的规律，真正尊重每一个生命。

在自己的生命中做些顺应这些规律的事情，更好地服务生命。

第一节 家庭系统排列的研究对象

家庭系统排列的研究对象是"爱"，此处的"爱"指的是"可以传承生命的爱"，即两性之爱、亲子之爱、家族之爱。

爱的开始

作为家庭系统排列研究对象的"爱"，是指能够传承生命的爱。传承生命的爱怎么来的？必然由一男一女开始。

一个男婴从出生、长大、成人，有他自己的人生方向。一个女婴也经历出生、成长的过程，有她不可知的未来。突然有一天，这两人相遇了，而且"来电"了，彼此看对方都顺眼，心生爱意，想要在一起，两个不同的生命便有了命运的交集。

人海茫茫，什么样的男人或女人，会让我心动呢？按照心理学的解释，通常而言，女性会遇到一个潜意识里跟自己的爸爸很像的人，或者是心中理想的爸爸。男性会遇到一个潜意识里跟自己的妈妈很像的人，或者是心中理想的妈妈。当这两人相遇，会莫名其妙地感觉很亲近，感觉很熟悉，感觉在一起很舒服。这时候你的心灵会向对方打开，如果对方也有反应的话，他也向你打开心灵，相互付出和接受越来越多，这两个人就结合在一起了，成为一对伴侣（不一定是结婚）。

这便是爱的开始，所谓的一见钟情！

爱的两种表现

家庭系统排列研究的对象是"爱"，排列工作围绕的核心是"爱"，系统排列认为"爱"有两种表现方式。

1. 盲目的爱

我们在自己需要的爱没有得到满足的同时，潜意识中不断地去为家庭或家族中某些成员奉献自己、牺牲自己，用这种方式来换得自己爱的满足，但最终却以牺牲自己为代价，一直为别人而活，这叫"盲目的爱"。盲目的爱没有界限，注意力都放在过去，常常用一种自我摧毁的方式来表达。例如：母亲自杀，孩子长大之后，可能也会选择自杀、自残，不让自己活得好。例如：父母离异，孩子结婚之后，可能也会步父母后尘，婚姻无法维系。

这些方式有一个共同的特点：牺牲自己，用和别人一样的方式表达爱，我们称之为复制或者隐藏的忠诚，使家族系统在一封闭的系统中恶性循环。这种爱被称为盲目的爱，是被"良知"所推动的。

2. 觉悟的爱

觉悟的爱表现在两个方面：首先把潜意识中盲目的爱让意识看见、正视；然后以理性引导，有建设性地把负面情绪和痛苦模式转变为对生命有益、发挥正向作用的爱。觉悟的爱并不意味着不去感受过去的痛苦，而是顺应着生命中有成长本能的心灵，在连接的同时，理智上也要清明，过去的"果"无法改变，却可以与之划清界限，立足于当下，为开放的未来种下新的"因"，让生命的未来更加丰盛。

家庭系统排列中最重要的工作就是把盲目的爱转化成为觉悟的爱。

第二节 / 研究爱的法则和秩序的重要性

追求快乐、逃避痛苦是人类的两大天性，是生命的本能。人类各种学问都在关注一个问题：人如何能活得更快乐一点？在家庭系统排列里，我们要问的问题是：在你的人生里，哪些事情让你最快乐？哪些事情让你最痛苦？

当我们观察人的一生经历，从婴儿到死亡，发现了人最快乐和最痛苦的时候都跟爱有关。

从最早的婴儿期开始，婴儿什么时候最快乐，什么时候最痛苦？

婴儿最快乐的时候是跟妈妈在一起，被妈妈抱着玩的时候，那时他（她）笑得最开心。

婴儿最痛苦的时候是与妈妈分离时，他（她）们哭着喊着，抱着妈妈不放手。

心理学有一个有名的科学实验，用来证明妈妈的连接对初生婴儿的重要性。一个是毛绒玩具做的猴子妈妈，一个是铁丝做的猴子妈妈，铁丝猴子妈妈有奶，毛绒猴子妈妈没奶。放小猴子进去，小猴子除了饿到极点的时候，去铁丝做的猴子妈妈处喝奶，大部分时间都在毛绒猴子妈妈怀抱中。

实验证明，0~3岁的孩子，爱是通过身体接触而体验到的，这是建立安全感的必要因素。

到了儿童期，哪些时候孩子最开心？哪些时候孩子最不开心？

幼儿园放学时，有爸爸妈妈及时来接的孩子最快乐，最不开心的是到点儿没人来接的孩子。3～7岁的孩子，爱是通过父母对自己持续的满足承诺而感受到的，这种承诺的满足是建立对世界的"信任感"的必要条件。

到了少年期，哪些孩子最开心？哪些孩子最不开心？

我们看到上小学的孩子，通常是得到老师关注时最开心，不管是因为表现卓越获得表扬而被老师关注，还是因为调皮捣蛋受到惩罚而被老师关注。最不开心的是那些最不被关注的孩子。所以，被"关注"是这个时期孩子感受到爱的主旋律。

到了青春期，哪些孩子最快乐？哪些孩子最不快乐？

当你发现一个你心仪的对象，有机会追求他（她），而又被接受，在恋爱之中是最快乐的时候。

哪些人最痛苦？喜欢的人喜欢了别人，要爱的时候被师长反对，被迫分手等所有得不到爱的时候，就是最痛苦的时候。所以，有机会创造爱的时候、被爱的时候，是年轻人建立自信心、自我价值感的关键之一。

成年的时候，什么人最快乐？什么人最痛苦？

与真正爱的人许下承诺，携手走入婚姻的人，通常是最快乐的。

什么人最痛苦？结婚伴侣不是所爱的人,因为身边人的期待、物质、条件、背景、有目的性地跟一个自己不爱的人结婚，那结婚可能就变成了最痛苦的时刻。

成家之后，什么时候最快乐？什么时候最痛苦？

当有孩子的那一刻，可以把爱传承下去的时候，是最快乐的时候。

同时，成家之后也意味着自己的父母老去，亲人离开的时候，通常也是人最痛苦的时候。

纵观我们的一生，当我们得到爱的时候也就是被爱拥抱，被爱滋养，有爱的信任，有爱的关注，有机会创造爱，为爱承诺，用爱将生命传承下去的时候，是我们最快乐和幸福的时候！

反之，当我们不能得到爱的时候，也就是与爱中断，没有爱的信任，没有爱的关注，失去爱的机会，没有爱的陪伴，当爱离我们而去的时候，是我们最痛苦的时候。

所以，人生最快乐与最痛苦的东西都跟"爱"有关，而"爱"就是家庭系统排列研究的对象。我们所研究的是关于爱的共性规律：爱的法则和秩序，如何让爱更好地去创造、滋养、承诺、经营、延续，这些可以成为爱的教育。同时，如果人生中遇到爱的中断、没有爱的关注、被拒绝、失去爱的创伤，如何面对它，让爱重新呈现，滋润我们的生命，这些可以成为爱的还原。

第三节 / 家庭系统排列的方法论

家庭系统排列所使用的方法是现象学的方法。在伯特·海灵格的著作中，只有《爱的序位》前两页讲到了现象学，非常模糊。书上说，有两种研究方法，一种是把握细节，如科学研究；另一种是放空自己，把握整体，在整体中把握真相。这样简化的说法，能理解的人不多，所以我们在此需要更加仔细地说明。

现象学的基本概念

现象学是家庭系统排列的基础。现象学是一种依靠我们的直接体验来描述和认识世界的方法，涉及概念、态度与技巧。中国最早的现象学家是神农氏。神农氏尝百草就是现象学的实践，没有见过的草本植物，都拿来品尝一下，观察自己的身体反应，然后再区分不同的性质、每种草本的药性，以及对哪些身体症状有疗效。

我们人类对自身及人类存在的世界认识有限，科学发展至今，仍有太多无法解释的东西。人类拓展新知识的需求和步伐从未停止。

一般人拓展新知识的习惯有三个：经验主义、理论主义、权威主义。

在经验主义之下，我们通常会回忆过往的经验，依据经验来解释当下的现象。

理论主义之下，我们会依据已有的理论来解释未知的现象。事实上，真正被验证的理论少之又少，例如最近所讲的引力波，爱因斯坦提出理论近一百年后，到最近才被验证。将理论等同于真相是一种误解。

权威主义是指权威人士（某些社会名人、学者、甚至宗教人士）发表对某事件的看法，使大众信以为真。实际上这只是信念，而我们知道最强的信念来自信仰。中古时代教会对科学的态度就是最好的例证。

以上述三种态度去解释未知的世界，都有可能走偏。

现象学认识未知世界的方法如下。

第一步：搁置判断。

就是先把经验放一边，把理论放一边，把信念放一边，对当下的现象存而不论。那不靠这些，靠什么？现象学的答案是对于非常明显的现象，从亲身直接体验开始，打开自己的身心、打开自己的各种感官（包括视觉、听觉、触觉），以及身体内的感受，直接去感知和感受。

第二步：直接体验。

在客观的理性知识未成立以前，先从主观的感性知识入手，获得第一手体验。在体验过程中，可能灵光一现，直觉到某些规律、某些模式，我们称之为洞见。很多伟大的发现，都是在体验和想象中完成的。

到了这一步，依赖内在直觉或洞见去把握"本质"，只能说在意向中出现了可能的完整理论，但仍然是主观的，客观性没有建立。事物或事件之间的关系"模式"，更接近"同步性"，也就是这个现象出现，那个也出现。

第三步：验证假设。

要建立该理论的客观性，就需要验证假设。科学精神的基本要求，就是理论如果具备可证伪性，可以被验证，那就具备了成为客观知识的基本条件。

系统排列中的验证过程，就是指现场呈现。"本质"出现的一刻，跟场域有"共振""共鸣"，表现为当事人或现场参与者表现出集体的情绪反应。

总结下来，我们在排列中对很多现象的感知要做到如下三点。

第一　搁置判断：把理论、经验、信念先放在一边，对现象存而不论。

第二　直接体验：直接感知、依赖内在直觉或洞见去把握"模式"，即所谓的"本质"。

第三　验证体验：以事实证据验证感觉。

现象学与科学的关系

完整的科学研究包含了定性分析和定量分析。定性分析先观察现象、描述现象，然后综合现象，归纳（Induction）现象形成模式或理论。这些言之成理的理论，要经过科学的方法去验证（Verify/Falsify）理论，看能否推导（Deduction）、解释和预测其他相类似的现象，这称为定量分析（Qualitative Research）的研究方法。两者结合后，对某现象的研究就可以形成真正意义上的知识（Knowledge），如果该知识的深度和丰富性达到一定的水准，我们就可以称之为学问。

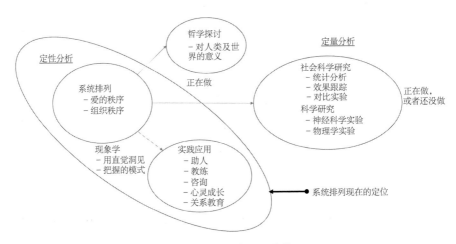

系统排列、现象学的定位

现象学是定性分析的一种，系统排列现在已经完成最重要的现象描述、定性研究。在实践中，系统排列帮助众多人解决了家庭关系、组织关系问题。

但是，系统排列还没有形成完整的知识体系，没有成为学问，原因如下。

第一，到 2016 年为止，只有一份系统排列的定性研究报告，报告中核实了系统排列个案的正面改变，该定性研究用的方法是社会科学中的对比实验、效果跟踪和统计分析。而科学实验部分还没开始。

第二，如何解释系统排列中的各种现象，已经有很多人在努力，但尚无确定的科学解释。现任德国系统排列协会，已经举行论坛，邀请量子物理学家、神经科学家与系统排列导师对话。BBC 科学纪录片 Ghost in your genes（基因中的幽灵），是最新的表观基因研究，告诉我们上几代人的遭遇，包括生理疾病和心理创伤，是如何传给下几代的。这非常符合系统排列呈现的现象。

第三，对于系统排列的发现，哲学方面的探讨也不多，事实上系统排列的发现颠覆了我们对于生命和世界的看法，这些不同的看法对人和世界有什么意义，人在世间中的定位，跟周边世界的关系是值得探索的，这些是留给哲学家们探讨的范围。

而系统排列导师关注的方向是如何实践。虽然学问研究还没完成，但是实践证明系统排列对家庭关系、组织关系的确有帮助。举个简单的例子，帮助大家理解现象学和科学的区别。我观察到做爱可以生孩子（现象），那我想生孩子的话，有两个选择：一是尝试做爱生孩子，不是每次都成功，但也有很多成功的例子（是有效的）；二是做科学探索，研究很久，发现原来是精子和卵子的结合，才有孩子。

实践应用和科学研究其实没有先后之分，应用与研究总是在发展过程中相辅相成的。

应用现象学的三种态度

应用现象学需要三种态度：无为、无惧、无爱。

无为

无为就是不刻意去追求效果，不怀抱意图想要去帮助当事人，顺从并尊重当事人自然的成长过程，让当事人按着自己的发展阶段去走，而不是带着她走。例如，如果当事人心灵还处在孩子阶段，你想让他一下子进入成年人，那就有点困难。

举个例子：有三个农夫，第一个天天去施肥，天天去拔苗，拔苗助长，结果把苗都拔死了。这是很多导师犯的错误，希望当事人快速达到一个状态。

第二个农夫，既不除草，又不挖渠，不防虫，不施肥，听天由命，这叫不作为，不是无为。

第三个农夫，看到自然成长的规律，用的都是有机肥，不用化肥，挖水渠，让水经过田，还会养点鱼、鸟、小龙虾，把稻田变成丰富的生态环境。这叫无为，无为不是不作为，而是顺应自然之道去做事情。

无惧

治疗师常常要面对人性最阴暗的部分。一般人在日常生活中无法接受或很少看到的部分，可能都会在排列里出现。例如有的个案家庭里有谋杀史、精神病史、乱伦史，或者经历过残酷迫害、种族大清洗等，排列的时候，很可能情绪大爆炸。这时候治疗师必须勇敢地面对，不退缩，不受干扰，带着心灵的力量，如实接纳。

无爱

无爱不是没有爱，排列的目的是要把盲目的爱转化为觉悟的爱，因此排列导师在面对当事人时，也应该怀抱着觉悟的爱，而不是带着同情、怜悯去爱。例如一个当事人，她可能遭遇过很大创伤，孤苦伶仃，走投无路。你在面对她的时候，也应该像面对其他人一样，不刻意照顾她，也不纵容她陷入自怜的情绪里，否则治疗就会失去力量。

无为、无惧、无爱三者加和，就形成了导师中正的态度。要做到以上三点，除了治疗师的功力和经验以外，我们还要做到一点，那就是接受自己的无能为力。很多时候，治疗师可能会自责，觉得我帮助不了这个人。这也许是因为它勾起了我内在"帮助不了自己父母"的感受。因此，做一个治疗师，首先要面对自己家族的问题，自我疗愈和成长的程度跟助人能力是同步的。

系统排列中的"觉察"

我们打开了身体感官,接下来觉知什么呢?

第一,对内觉察自己的身心感受。当事人在陈述自己的诉求和排列进行时,导师会有自己的一些感受。首先是身体上的感受,例如感到身体某部分会麻木、疼痛、紧张、僵硬等。如果你和一个精神分裂的人坐在一起,你的身体有时会呈现紧张的状态。其次是情绪上的喜怒哀乐,你对当事人愤怒、悲伤、恐惧等这些情绪也有共鸣,有共鸣的地方往往是问题的关键。接下来是情感上的觉察。情绪可以没有对象,自然就涌现出来,情感却是有对象的,例如当事人提到妈妈时,你可能会有一种心酸的感觉,代表当事人也许与妈妈有些未完成的情结。

导师对自己身心的清晰觉察,可以帮助发现当事人的问题,并确定排列的方向。海灵格可以做到脑子里空无一物,但感觉十分精准,一般治疗师却很难达到这种境界。大部分时间,我们会以自己的觉察为基础,在脑袋里飞快地思考。

第二,觉察当事人的身心状态。其中,身体部分包括他(她)的身材、长相、神态、语气、肢体动作。情绪部分包括情绪类型、和事件的关联、对谁的情绪,以及他(她)的陈述中哪些可能是故事,哪些是事实;还有当事人的内在状态,例如他(她)在陈述这个问题时,是孩子期的状态?青春期的状态?还是成人期的状态?在孩子期,他(她)可能会以一个受害者的姿态出现,因为对孩子而言,事实背后复杂的真相是他(她)无法理解,也不愿意去理解的。而对一个成年人来说,他(她)可以评估事实,可以从不同角度去了解。我们在排列中经常要做的一个工作,就是帮助当事人从童年期、青春期的状态进入成人期,以比较全面、客观的态度去看待问题。

第三,觉察当事人和导师的关系。很多时候,当事人和导师并不是真正的"工作关系",而可能是父母和孩子、情人、老板和雇员的关系。当事人把导师投射成父母,或者在用各种方法面试导师,有时候甚至会变成敌我关系,气氛搞得很紧张。这些都会影响治疗效果。所以在排列中要摆正位置,觉察这是一种助人的关系,还是其他关系。

第四节 / 系统排列中的良知

良知的定义

系统排列里的良知有三个层次,分别称为个人良知、集体良知、伟大良知。系统排列中的良知,不是中国人所讲的道德良知。

良知的冲突

海灵格在《谁在我家》第一章提出了"良知",这是系统排到的核心部分,可以解释很多现象,我们内心的冲突、家庭的冲突、学校的冲突、公司的冲突,再扩展到社会各层面的冲突,再放大到国家民族的冲突都可以用一套最根本的概念去看,海灵格把这种冲突提炼为——良知的冲突,这是海灵格最独特的贡献。

个人良知的界定

提及"良知"这个词,我们中国人很容易联想到"道德"。因为在中国文化里,良知就是道德的呈现，如果有些东西违反良知，那就是错误的，你会觉得良心不安；而如果你觉得良心过得去，那就是对的。这是道德的讲法。

但海灵格的"良知"不是这个概念，它是观察了人类多种行为的结果，观察究竟是什么让人们在发生一些事之后，心里会有相应的情绪感受反应，并在这样的反应下采取某种行为。

要理解海灵格的"良知"，首先要了解海灵格的背景。海灵格当过兵，参加过第二次世界大战，战后进了神学院，成为一名天主教神父。经过学习和训练后，他被派往南非传教，在非洲祖鲁族地区居住了二十余年。因此，在他的"良知"语境中，很大一部分是对天主教良知概念的反省。天主教中的概念是上帝把良知放在人的心里，让人知道什么是上帝的旨意，什么不是上帝的旨意。

因此，"良知"是用来衡量的。如果做的某些事情让你心里感到罪恶感，说明你在违反上帝的旨意；而如果你做了符合上帝旨意的事情，你会感到无愧于心。良知从上帝而来，这是最初的讲法。

因为在天主教徒看来，上帝代表绝对的真理。你用良知就可以判断自己的表现是否符合绝对真理。天主教里有"告解"的过程，人在日常生活里做了什么事情让他良知感到不安或者有犯罪感的时候，可以跑到神父那儿去"告解"，整个过程被称为"清洗良知"。

而一个人如果按照他的良知去做事情，他就会心安理得，没有犯罪感，因为那等于就是上帝的旨意。然而，海灵格却发现，观察到的现实远远不是那么回事。

思考了七年之后，海灵格得出一个答案，就是实际生活中我们观察到的"良知"跟神学上所讲的良知不一样。"良知"跟上帝没有关系，它既不是神学概念，也不是道德概念，而是服从于某一群体标准所产生的感受。如果你的各种表现符合群体标准，就产生所谓的"归属感"。这个群体可以是一个家庭、一所学校、一家企业、一个组织、一个国家、一个民族、一种文化、一种宗教、一群拥有共同思想的人等。

个人良知可以定义为归属于某个群体的"潜意识规则"。当人的表现符合其归属的群体潜意识规则时,就会感受到"心安理得",觉得自己是某个群体的成员。当人的表现不符合其归属的群体潜意识规则时,就会感受到"内疚""罪恶感",觉得自己"背叛"了自己的群体,自己成为该群体成员的资格就可能被取消,被驱逐出去。

家庭的例子:
孩子做了些事情,母亲不喜欢,对孩子说:"你再不听话,我就不要你了。"
组织的例子:
员工做了些事情不合上面的意思,上司说:"你再不服从,就开除你。"

良知是生物进化过程中的一个产物。离群动物最容易受到天敌攻击。因此跟群体在一起是很安全的,是有力量的,这是离群产生恐惧感的来源。

我们从小被教育要"守纪律"。纪律会把你跟其他人不一样的地方消磨掉,大家行为一致才是纪律良好。也就说,良知本身在告诉你,当你内疚时,其实是你跟别人不一样,你有可能在彰显个性;而当你心安时,你其实在彰显"共性",你要跟旁边人行动一致,你就要暂时把你的个性放下。当一些东西被定性为群体标准,而你竟然和这个标准不一样,你就有点冒险了,你可能就开始内疚了。

比如与一个家庭反对的人结婚,你心里会不舒服,感觉像背叛了家庭。

良知不仅仅是意识层面的东西,它甚至会渗透到身体、情绪和文化层面。

比如在有些修道院里,一群修女在一起待得时间长了,月经的时间都变得接近了。又或者如果你有机会到中国香港,你会发现香港的气味和深圳的气味是不一样的。深圳的气味很松散、不固定,而香港是另一种感觉。但是如果你来到郑州,就会发现内陆地区的气味跟海边的气味又不一样。

每个群体里的气味、情绪和情感表达的方式也不一样。比如北方人,一般的表达方式都是大大咧咧的,很直接。南方呢? 很少听到有话直说的。她非得九曲十三弯,跟你讲上一小时,讲不到重点上去;或者她编了一个很美丽的故事讲给你听,听完之后,你懵了,她在讲啥?

所以同一个地区人的思想、文化、语言,甚至情感表达方式很多时候都是同步的。同一个时代的人的思想、文化、语言,甚至情感表达方式也会同步。

如果不跟随群体标准,在群体内与众不同又会怎样?可能要背上背叛的罪名,丧失群体成员的资格,面临罪恶感(内疚感)、恐惧感、孤独感。这些与众不同,很多时候被认为反常、异类,不听话,不服从,没纪律。良知通常被群体用作调整成员的工具。对于被定义为异类的成员,就好像身体中检测到病毒入侵,会调整防疫系统把它们消灭。

良知最重要的两个标准,一个是"共",一个是"同",至于内容却不重要。那些认同你、同情你、跟你同病相怜、同身同气的人是你认为值得信赖的"自己人"。

还有那些跟你有过共同经历的人,你也会更加信赖他们。

良知中隐藏着的最深忠诚是"同苦"与"共罪",而不是同甘共乐、共富贵。

具体到一个家庭里,你生长在这个家庭,你家里人生活得怎么样?过得好吗?如果父母离婚了,你感受如何?妈妈还在痛苦之中,你能接受自己先幸福起来吗?

如果你的兄弟姐妹生活得不幸福,你允许自己先幸福吗?如果每个人都过得很痛苦,你能允许自己快乐吗?如果你又快乐又幸福,你的良知会不会感到痛苦、内疚呢,好像自己的这个快乐和幸福不应该拥有一样。

对孩子来说,爱就是"共同",共同才能连结在一起,而"不同"或差异则代表要"分开和失去"。这种"潜规则"让他们毫不保留地模仿自己的父母。这种爱的潜规则,长大成人后,仍然发生作用,会让孩子跟随着父母受苦。潜意识中的动力,造成了代代相传的痛苦轮回。在盲目的爱的推动下,重复母亲的经历或者命运,好像能替母亲分担。所以要实现自己的幸福,你想从原来的系统走向一个新的境界,是要付出代价的,内疚、恐惧、孤独都是代价。

系统良知的界定

系统良知是海灵格在排列个案的过程中发现的，这种系统良知规划了各种系统中的无形法则，维持系统秩序。家庭系统中的整体法则指的是所有曾经出现过的成员都有归属于该家庭系统的权利，没有任何成员可以被排斥掉。在排列个案的经验中发现，如果以前有位祖先因为种种原因被家族遗忘，后代中就会有一个人代表他，表现的行为、态度、情绪、身体症状、与亲人的关系、甚至人生轨迹都跟被遗忘的那个人一样。

系统良知的作用是维系系统秩序的三大法则：整体、平衡、秩序。

日常生活中，一般观察不到系统良知的作用，只有牵引力。以下三种情况下，系统良知的效应可以在生活中被观察到：灾难下的互助、团体的光荣、团结一致对外。

有时候个人良知和系统良知会有冲突，例如某女生出于对父亲的忠诚，成为了父亲的心灵伴侣，表现出盲目的爱。但是，这与系统良知起冲突，系统良知的次序法则指出父亲永远是父亲，孩子永远是孩子，次序不能乱。两者冲突下，离开父亲会内疚、舍不得，留下来次序错位，其他男人无法进入，无法建立良好的两性关系。

系统良知也会维护跨代的平衡，例如家族中的祖先曾经不公平地掠夺了他人的财产，后代的子孙就会发现自己的财产要么留不住，要么不知不觉地把财产散掉。

个人良知背后的正面动机

良知背后的动机通常是维护一个群体的生存：一个群体常常要付出无数次惨重的代价才发现，符合一个标准才比较容易活下来，这一标准必然成为一个不容更改的教条。

良知的背后全是爱，为了群体生存的爱。例如，我服从父母的命令，照顾弟弟妹妹们，我不去追求自己的天赋使命（比如读大学、搞艺术）。为了维护家族群体的良知，我心里虽然不好受，但我依然选择放弃自己的追求，这个在系统排列里被称之为盲目的爱，虽然盲目，但是这一举动，还是被海灵格称之为"爱的体现"。盲目的爱虽然符合群体的标准，但个体只是在这个群体里面打转，不断地重复这个群体里旧有的东西，甚至是苦难的轮回。

但是生存问题解决之后，我们的心灵又会产生另外一个部分的对话：活下来是为了什么？当开始追问这个问题，也就意味着这个群体开始了对心灵成长、生命意义的追寻。然而与另外一个部分的良知"活着的意义"产生了冲突。如果族群因循守旧，变成了一个封闭的系统，封闭的系统由于没有外来元素的激活，将逐渐丧失活力而日益萎缩、死亡。

心灵成长的生命规律

为了让一个系统更好地成长，就需要另外一种爱，我们称之为"觉悟的爱"。

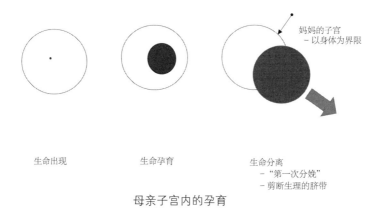

母亲子宫内的孕育

人是一种不断成长变化的生命。最开始，我们出现在妈妈的子宫里，只是一个小圆点，这个子宫就是界限，这个界限是以身体为界限。在这个子宫里，我们被孕育,被保护,然后越长越大。直到有一天子宫承受不了,也就是你已经成长到一个必须离开的阶段,不离开的话,妈妈和你都活不下来。你出生了,这是人的第一次分娩,剪断的是生理的脐带,身体上跟母亲分开。

出生之后你又进入另外一个"子宫",一个可以养育你到成人的"子宫"——"原生家庭",由爸爸、妈妈和孩子组成,以情感为界限。

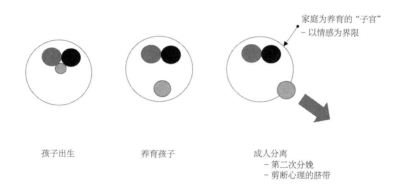

原生家庭的孕育

你在原生家庭里继续成长,开始的时候离不开父母,尤其是 0～3 岁。然后你慢慢长大,每长大一些,你不断学习独立,跟父母的距离会越来越远。12～18 岁,你开始要有自己的独立空间,测试家庭的界限,早出晚归,尝试不同的活动,跟伙伴一起去露营,在外面过夜,直到有一天成人独立。当你成年之后,一般是中学或大学毕业,你必须要脱离父母,独立地生活。这是人的第二次分离,第二次分娩,需要的是剪断心理上的脐带,思想及心理上的独立,也是情感上的独立。这个过程远没有第一次分娩那么泾渭分明,而是一个渐变的过程,需要很长的时间。有人到了 30 岁,甚至 40 岁还在这个过程中,有人甚至对此毫无觉知,一生都没有完成,比如啃老一族。

完成这个分离过程,人才能够比较顺利地成立自己的独立家庭,然后上述的过程再重复一次。这是生命的发展过程,也是心灵成长的方向。

脱离原生家庭,进入社会,很可能会远走他乡。心里知道追求在远方,心灵非常向往,这是你心灵的流动。但离开家的时候,你会觉得对不起父母,无法照顾他们，心存内疚，这是你良知的牵绊。但是你知道必须跟着自己的心灵，走自己的路。走出去的时候，面对未知的世界，就像动物到了原野，不知道会面临什么，会产生恐惧，这是必然的情绪状态。到了新的城市，新的国土，加入新的组织，一切都是陌生的，陌生的地方、陌生的人群、陌生的文化，晚上静下来房间只有你一个人，没有啰唆的妈妈、难缠的爸爸、整天制造麻烦的兄弟姐妹，你能感到自己的孤独，难以入睡，好想有个人陪，甚至在被窝里哭；这种孤独，就是独立的代价和考验。然后，你开始融入组织，参加社交活动，认识朋友，逐渐建立自己的生活圈。

你会成为其中某个组织的一员，不管是你自己创立的还是其他人创立的。你在这个组织中工作、服务，然后有一天职位升到某个程度，或者发现在这个组织里已无法追求你想要的。这时候你会离开这个组织，改弦易辙，求学深造，重新开始，都有可能。

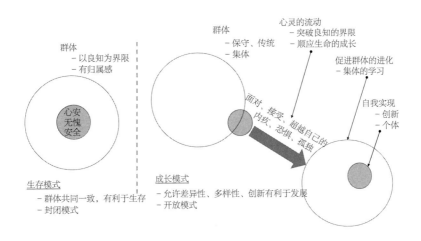

组织更替

伴随着每一次离开，每一次走向新的群体，我们的人生阶段在不断升级。这就叫成长。成长要求你离开旧有的，摆脱过去的思想模式和限制，进入一片新的天地。这个过程中，会发生什么事情呢？首先你会有内疚感，觉得背叛了以前的群体。就像离开原生家庭一样，组织的领导想挽留你，对你说："组织培养你这么久，你可以这样辜负组织的期望？" 你有点愧疚，内心挣扎，然而心灵的呼唤令你顶着良知的压力离开，有点悲壮、有点兴奋。然后会有恐惧感，当你走出一个群体，那种在旷野之中离了群一样的感觉又出来了，要你面对不确定的未来？接下来的生命之路，要你一个人走，你顺着只有你一个人听到的心灵的呼唤，只有你一个人能懂，没有人理解，没有人陪伴，一个人在途上的孤独感是你心灵成长的代价与试炼。

这种顺应生命成长方向，通过心灵的觉醒，在人旧有的良知纠缠中打开一条缝，看见所有良知的下面，仍然有着生命的传承，也有生命成长的方向，仍然有着属于你自己的力量，仍然有着你自由选择的权利。把握自己的选择，面对内疚、穿越恐惧、接受孤独，走向自己未来的心灵动力，我们称之为"心灵的流动"。

所以在系统排列中，最美好的画面就是——孩子带着自己的天赋使命面向未来，勇敢走过去，而整个家族、甚至整个民族都在背后支持着他。当一个孩子选择去走自己的人生路，开始的时候会很孤独，所以最好的情况就是整体系统都支持你、推动你，去走一条开放的路。家族、宗亲、父母都在背后推着孩子去走自己的路，用一个开放的模式去迎接生命，这是系统排列里面最终想做到的东西。支持生命的发展方向，允许心灵成长的爱，我们称之为"觉悟的爱"。

真正的系统排列师的工作就是拨开那些混乱、混浊的负面能量，在生命的根部找到爱的源泉。并且用最明证、最关键的画面与情境，来向当事人呈现这一爱的事实与真相。当你能够找到爱的水源，那么你也就与生命中最本源的东西连结上了，人人都是具有这种与本源连结的潜能的，这就是灵性。

伟大良知和伟大心灵

经典的系统排列中，海灵格还不时提到伟大良知和伟大心灵，在这个层面两个名词都是同一个意思。在一般的家庭和组织个案中，很少会涉及伟大良知和伟大心灵。什么时候能用到，通常要遇到非常大的题目，例如民族之间的和解；或者更加高层次的题目，如生与死、混沌与秩序、命运与使命的时候，我们的智慧已经到达极限。一切答案属于未知，也不知道从何下手，不知道出路在何处，我们让自己臣服在世界更大的力量之下，允许自己跟更大的场域连接，完全跟随场域的呈现。这些时候，我们可以感受到场域中的和谐，心灵极度的平静，接纳一切出现的现象，没有判断，好像感悟到非常深的世界智慧，又无法言说，可能有一种开悟的感受。达到这一境界，仿佛我们体会到世界的走向、发展的韵律，这样的排列，海灵格称之为"与道同行"，也是伟大良知、伟大心灵的展现。

当那些曾经被屏蔽了灵性与爱的源头连结的人们，一旦被唤醒，就能顺着生命之流的方向走去下，这些人在海灵格那里被称之为"与道同行"的人。那意味你找到生命里最终的力量，并且顺着世界的创造走下去。

第五节 / 常见的关系问题模式和解决方法

家庭系统排列发现，如果要爱在家庭中自然流动，就要符合爱的三大动力。这三大动力就是整体、平衡、次序。如果三大动力之一被破坏的话，会引发家庭中很多关系问题，我们将这些问题统称为"纠缠"。家族系统、两性系统、亲子系统中，这三个方面的动力表现不一样，我们以后会专门论述。常见的关系问题模式见下图。

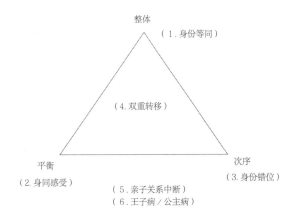

常见的关系问题模式

图中显示了在系统排列个案中常见的六种模式，实际的案例则远远超过这些范围。在三角形之内显示的是跟爱的秩序被破坏有关的问题模式，也就是身份等同、身同感受、身份错位以及双重转移。亲子关系中断、王子病/公主病以及各种创伤等，都是跟个人成长经历有关的问题。

爱的秩序被破坏后的问题模式

1. 身份等同

家庭系统中的整体性是指所有曾经在家庭系统中出现过的生命，都有归属于该系统的权利，没有一个可以被排斥或被遗忘掉，跟这些生命曾经在自己的生命中做过什么事情无关，包括所有非正常死亡、失踪、精神病、未能出生的生命。这跟公司组织系统完全不一样。在组织里面，所有成员的归属权是有条件的。贡献多少，归属权就多大。而家庭系统不一样，只要你的家庭成员，有血缘关系，一出生的话你就有这个家庭的归属权。归属权要被肯定。有个人被排斥到家族以外了，这个位置空了，这叫整体缺失，后代总有人会代表他，好像在填坑一样。后代的人代表了以前被遗忘的人，这叫身份等同现象。一旦后代某人身份等同某位前辈，他在家里的次序就会出现问题。除了个别例外的情况，譬如说一个成员杀了另外一个成员，那他的归属权受到考验。

解决方法：找到被遗忘的人，祭奠他/她，接受他/她是家中的一员，恳请他/她的祝福。

2. 身同感受

每个成员只能负责自己的命运，只能承担自己的感受。身同感受，又叫共同受苦。很多妈妈拉着女儿，对抗男人，爸爸拉着儿子对抗女人，这种现象我们叫"同党现象"。父母有什么苦都向子女哭诉，父母的情绪直接拷贝给了同性子女，妈妈愤怒、女儿也愤怒，妈妈悲伤、女儿也悲伤。另外一类叫"共同负罪"。爸爸可能导致另一个人受到严重的伤害。本来是爸爸应该去面对那部分，但是他没有。孩子却在自己的人生中一样导致另一个人受到严重的伤害。这就是共罪模式。这就是跟随/替代的现象。孩子身同感受了父母的所有东西，行为跟他们保持一致。而偏偏亲子关系中最核心的平衡就是父母给予、孩子接受，然后把父母给予的东西传下去。孩子没有传承生命与爱，反而把最不好的东西继承了，还要自毁。如果当事人以严重的方式跟随，比如跟随妈妈自杀，那么很多时候，系统的整体性也受到影响，后代就可能有人身份等同了自杀的人。

解决方法：看见自己的模式，同意父母自己的选择和命运，跟父母划清界限，转身面对自己的未来。

3. 身份错位

这里面有三类。第一类，在排列里面是妈妈搞不定老公，这是身份错位，儿子代替了爸爸的位置，做妈妈的伴侣，母子关系出奇的好，男人没有什么事了，就在外面去找，很多时候发生什么事呢？妈妈会拉着儿子身份错位，那爸爸怎么办呢？拉着女儿，所以女人觉得世界上最好的是爸爸，这叫爸爸的小情人，贴心的小棉袄，这边是妈妈的妈宝，这是为盲目的爱，身份错位，使孩子从小就不能够做孩子，要做伴侣角色。

第二类，兄弟姐妹的父母。假如父母一方先去世，兄弟姐妹中就会有一个接手父亲或母亲的角色。

第三类，做了父母的父母。如果父母小时候没父爱母爱，孩子也收不到父爱母爱，因为他们的父母自己都不知道怎么爱孩子。出于对父母的爱，就是要拯救一下父母，父母不懂得做父母的话，我先搞定他们，父母不幸福，我能幸福吗？所以做了父母的父母。

一旦次序出问题，家庭成员之间的平衡就会出问题，大家很可能感觉不到爱的流动。

解决方法：看到自己的错位，回到自己在家庭中本来的位置。

4. 双重转移

第一次转移是所谓的情绪转移，由家庭中一个人传给了另一个人。第二次转移是情绪的对象转移，情绪指向的目标错了。

常见的情况是：爸爸对妈妈不好，妈妈对爸爸很愤怒，这个愤怒被女儿收到，这叫同党，跟妈妈身同感受。有个不幸的男人出现，把本来对父亲的愤怒转到这个男人身上去了，这叫转移。本来是妈妈的愤怒，转到女儿身上，然后女儿将愤怒指向了自己的男人，这叫双重转移，所以两人的关系很有问题。

解决方法：看清自己的模式，跟父母的情绪划清界限，用新的眼光看见自己的伴侣。

常见的成长问题模式

1. 亲子关系中断

最简单的定义就是 0 ~ 7 岁间，孩子和父母（尤其是母亲）有一段显著的分离时间。那么孩子就有所谓的"亲子中断"创伤。分离的原因可能是：

☆ 父母关系不和，吵闹中，把孩子交给老人照顾；

☆ 经济原因，父母要去外地打工，让孩子留在老家，即所谓的留守儿童。

孩子的症状是：身体麻木、情感封闭、跟父母疏远，长大后难以跟其他人包括异性建立亲密关系。

解决方法：身体解冻，情感表达，走进父母，拥抱父母。

2. 王子病 / 公主病

在独生子女一代比较明显，全家的注意力全在孩子身上，物质享受充足，没有人竞争注意力，父母为孩子安排一切，不需要经过什么大的挫折和考验，结果孩子长大后心智状态还停留在孩子阶段，任性、索取、不肯承担责任，却投诉身边的人对自己不好。

解决方法：接受挑战，长大做成年人。

3. 在自己人生中经历的各种创伤、未了结的事件。

第六节 / 系统排列中常见的情绪模式

系统排列的个案中，经常接触到当事人表现出几种比较普遍的情绪模式：原生情绪、派生情绪、转移情绪、超越情绪。

原生情绪

原生情绪是真正自己经历的生死离合大事所产生的相应情绪，可以包括喜怒哀、乐等各种情绪。例如：亲人去世，我们会痛苦、伤心、悲伤；伤害了其他人，我们会愧疚、内疚、羞愧；被人侵犯、不公平对待，我们很愤怒，会发火；遇到意外会害怕、恐惧。这种情绪都是健康情绪，跟事件发生的性质相一致，轻重成比例。当这些原生情绪表达出来的时候，旁边所有人都有共鸣，被感动，有共鸣的情绪叫做原生情绪。当事人表达原生情绪的时候，心灵正在面对当下这个事实，可能很痛苦，但并不是不能承受，更不会戏剧化。原生情绪表达每次需要一定的时间，通常需要20分钟到半小时，人会逐渐地平静下来。下一次再有这种情绪的话，就没有第一次那么沉重，随着时间推移，情绪表达的强度就会越来越小，越来越淡化。

排列中的对策：对于原生情绪，我们会允许它充分表达，例如对去世的人表达悲伤，就是完成对他们的告别仪式。同时，对于全场的人都有疗愈的作用。

- ◆ 原生情绪是自己人生中真正经历过生死离合等大事所产生的相应情绪；
- ◆ 这种情绪会随着时间而淡化。

原生情绪

派生情绪

又称为逃避情绪，情绪的表达同样是喜、怒、哀、乐，但是跟当事人自己经历过的人生大事没什么关系。一方面可能当事人受过创伤在掩饰，另一方面可以只是童年孩子耍赖想父母索取需求的延续。情绪非常夸张，很有喜剧性，可能哭了一升眼泪，在现场捶胸蹲地，满场打滚。但是在场的人没什么反应，没有共鸣，还觉得莫名其妙，甚至有些烦躁。这个情绪会不断重复，隔一段时间又来，不会减弱，很多时候，这情绪的背后有些附加值。例如，有些当事人小时候被父母管得特别严，有一次实在受不住，生病发烧，痛哭流涕。父母看见终于心疼，一改常态，全心照顾。结果孩子发现，如果自己生病、哭得很痛苦，就可以得到自己想要的爱。以后一有需要，就暗示自己要生病，要痛苦地哭，结果习惯了，自动化了，变成了一种防御模式，这就是派生情绪，还演变成派生疾病。为了内在需要的满足而变相表达，是派生情绪很重要的一点。作为当事人，觉察派生情绪非常重要，因为亲密关系有矛盾的时候，会激发自我的派生情绪，比如经常有被遗弃感、悲情浪漫主义。通过自我觉察，不断观察到自己内在真正的需要，这样就可以让派生情绪逐渐地消失掉。

系统排列的对策：一种是直接叫停。派生情绪跟原生情绪最大的区别是，派生情绪如果你叫停的话，当事人可以马上停止。当导师这样做的时候，基本是在打破当事人的习惯性情绪模式，这样才可以让当事人觉察到自己的情绪性质。原生情绪必须要表达完才能自己停。另一种是找个地方，让当事人充分地把这些情绪发泄完，再去面对真正的议题。

 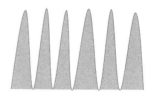

- 派生情绪是用来掩盖内在的原本情绪，或者属于小孩子耍赖式地"索取"些东西；
- 这些情绪已经变成习惯。

派生情绪

转移情绪

表面上转移情绪跟原生情绪差不多，但是在当事人的人生经历中找不到任何相应的事件，就算表达后也没有任何帮助，而当事人也的确有诚意面对问题，没有逃避（例如麻木）。我们知道麻木通常是个人创伤后所产生的现象，但是，如果在当事人的人生历程中没有发现任何关于创伤的事件，那我们可以用排列去探索是否是从家庭系统中其他人那里转移过来的情绪。譬如，妈妈或外婆曾经遭遇过性侵犯，她们当时自己因为创伤事件把自己的身体封闭，感觉不到痛苦，至少容易活下来。但是，这个麻木症状却由后代的女儿表现出来。

系统排列对策：找到情绪的源头，让当事人跟该情绪或创伤症状的源头划清界限。

超越情绪

超越情绪指在排列场域中出现的正面的情绪或状态，譬如平静、勇气、力量、活在当下、归属感、天人合一的感觉等。通常这些状态会在当事人在个案中找到自己的资源，看到希望，从纠缠中解脱，拥抱未来时自然出现。这是排列个案现场最好的结果，可以让所有现场的参与者都感受到正面的能量。

第二章　两性关系

两性关系是家庭的基础,让传承生命成为可能。

第一节 / 爱，从两性关系开始

家庭系统排列所说的爱专指人间最具体、最淳朴、最实在的可以传承生命的亲人之间的爱，是大多数人都要经历的亲子之爱、两性之爱。

两性关系是家庭的基础，让传承生命成为可能。两性关系先于亲子关系，没有两性关系，亲子关系就无从谈起。

两性关系是人类到现在为止，唯一通过身体进行深度交流，并且，能够传承生命的亲密关系。让你想死、爱死、快乐死、幸福死的人，就是身边的TA。让你气死、痛死、纠结死、伤心死、恨死，甚至病死的，也可能同样是这个人。一个人成年后的幸福快乐，离不开两性关系。在日本从事临终关怀的医生大津秀一在他的著作《死前会后悔的25件事》中，提到的两个遗憾就是"没能谈一场永存记忆的恋爱"和"一辈子都没结婚"。

两性关系也是家庭关系中唯一的平等、对称的关系，你跟父母、兄弟姐妹、孩子都是不对称关系。父母对子女最根本的付出——给予了孩子的生命，是子女永远还不了的；孩子不可能把自己的父母生出来。兄弟姐妹总有先后次序，有人领队，有人跟从。所以，孩子学习平等地对待其他人，第一个学习对象就是父母。父母，两个完全不同的人，不论从身体、情绪、思想、性格、习惯都不一样的人是如何相处的，是孩子学习处理两性关系最重要的模仿对象。

两性关系也是家庭关系中唯一可以选择的关系。我们选择不了父母，选择不了兄弟姐妹，也选择不了孩子。但你能选择你爱的人、结婚的对象，结婚了，也可以选择离婚。

著名物理学家霍金，戏称如果有下辈子，他准备研究比宇宙更神秘的女人。孔子也有言"唯女人及小人难养也。"

足见两性关系的复杂，这一话题非常值得探讨研究。

第二节 / 两性关系的三大动力

两性（夫妻）关系追求的当然是幸福快乐。系统排列的基本理论认为，想达到这个目的，要符合整体、平衡、秩序三大动力原则。

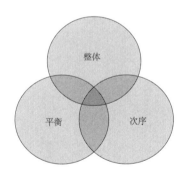

三大动力之间的关系

男女双方如果形成一个系统，就受系统三大动力的影响。这三大动力是整体、平衡、次序。在两性关系中：整体是指两人成为伴侣关系的条件，比如两人是否有性关系、有孩子等；平衡是指两人相互之间的付出与接受的交流关系，维持自我和界限；次序是指两人是否能平等、对等、互补。

两性关系先要有整体，才有平衡和次序。例如两人确认关系后，一方对另一方付出爱，另一方就有平衡的动力，也要付出爱。同时这种关系是男女平等的爱，并不是一方依赖另一方的亲子式关系。

两性之间的连结——整体

男性、女性是如何成为一个系统、一个整体的？是什么东西造就了这个整体？系统排列用一个名词描述这个整体的状态，叫做"连结"，专指男人与女人之间形成的一种"维系力"，英文原词是"Bond"。如果一个男性与一位女性"连结"了，我们说他们之间就会被某种类似黏合剂一样的东西"粘"起来，平时也许感受不到，到要分开时，才知道没那么容易，甚至难舍难分。这种无形的维系力，也是系统排列中所谓"忠诚"产生的原因以及表现。

1. 性的力量大于爱

"连结"中有爱，但这个爱跟平时所见的，对父母、对孩子、对亲人的爱不一样。两性关系中发生"爱"，人会有日夜思念、患得患失、飘飘然如醉酒、如沐春风、愉悦畅快，以至神魂颠倒的感觉；这种"爱"，还要在两性接触，通过身体交流体验到。也就是说，维系两性关系的，不是靠某种纯粹的情感，而是实实在在的"连结"——让两性之间关系更加黏合、更加难以割舍的，是建立在生命本身的物质基础之上的元素，不是情，而是性。

在系统排列中，确认两人之间有没有连结要看两个条件：第一，有没有性关系；第二，有没有因此而有孩子，不管孩子有没有生下来，也就是说，包括堕胎、自然流产、夭折的孩子。只要有孩子，这就是一个新的家庭系统成立的明证，是无可否认的事实。系统排列中夫妻或伴侣的定义，不是法律上的定义，而是看两人之间有没有连结，这是一种跟随自然的定义。在自然界，只要雄性跟雌性在一起，尤其是又有孩子的话，就是一个实实在在的家庭了。

一旦发生性关系，连结就存在，就必须得到认可。一夜情肯定是有了连结，如果有孩子，构成的系统就更稳固；没有的话，则有点尴尬，通过排列来确定。第一个伴侣，就是第一个与自己有连结的人。系统排列发现，这第一段连结力度是最强的，两个人完全分开难度也最大；后面随着次数的增加，维系的力度则越来越小，两个人相对容易分开。当然，前面的婚姻，可能爱并不存在；后来的婚姻可能非常愉悦，充满了爱，却不稳定。上述发现可以用来解释那些"封建"婚姻：那种家长制度下的、生物式的、原始的连结，可以令两个人虽然痛苦到极点，却不分开。这也是两性关系跟其他关系（如亲子关系、朋友关系等）最大的不同点——只要有性，就形成一个整体的雏形。

性关系是到现在为止人类所知道的，唯一可以创造新生命的方式，所以海灵格说，性的力量比爱的力量其实更大。

2. 第一段连结最强大

连结促成整体，但是并不保证婚姻幸福。最理想的情况是第一段婚姻既是初恋（有爱），同时又是第一个性伴侣（连结最强），然后有了孩子。不幸的是，现实中，很多婚姻不幸福，但这第一段婚姻是自己的第一个性伴侣，它的维系强度最大，分开很不容易；第一次的连结力量，会在你想分开的时候把你扯回来。生活中经常可以看到这样的夫妻，他们因偷吃禁果而奉子成婚，之后可能天天吵架，但是仍然在一起。所以在排列中也同样观察到，婚姻里没有了爱情，但是婚姻关系维持很久，也就是说，这段婚姻不保证有爱情，也不保证快乐；之后跟第二个、第三个在一起，你可能很快乐，甚至有越来越幸福的感觉，但事实上这些后来的关系越来越没有前面的稳固，因为连结力度在递减。

所以，也许你后来才遇到你想要的那个人，但后面婚姻的稳固性欠缺，一有问题，彼此会相对更快、更痛快地分手。美国电影巨星伊丽莎白·泰勒，自18岁步入婚姻殿堂，有过8次婚姻记录，有人说她是位成功又失败、幸运又可怜的女人。她是否尝到了爱情的甜蜜，这恐怕只有她本人才清楚，但公众知道的是，她一度被人评说"离婚犹如家常便饭"，她也曾在第七次婚姻中生活失控，暴饮暴食，一度惊人的肥胖。

基于连结力随性伴侣个数的增加而越来越弱的情况，如果有些人性伴侣比较多的话，将来要找个人结婚，可能需要花比较多的心力，才能维持婚姻的稳定，因为自然连结力中，最后一段是最弱的。加强连结力的办法是生孩子，一旦有了孩子，连结力会自然增强。也有些人把这种原理当成武器或工具，用来控制对方，这样的话，的确有可能令对方不自愿地留下，但同时也埋下了痛苦的种子。

还有些特殊情况，没有性关系，也可能造成连结。例如，两个人共同经历过生死事件。"9·11"事件后，有些救援人员离了婚，跟他们营救的人结了婚。共同经历生死是一种最深刻的连结，不一定会产生性关系，但是，这种连结让所有经历过的人好像成立了一个大家庭，紧密程度甚至超越由性产生的连结与家庭。此处不详述了。

但是，纯粹性的连结，甚至有孩子，只保证了伴侣关系的稳定性，不保证一个幸福完整的家庭。要幸福的完整性，必须还需要两个必要的条件：第一双方是相爱的，也就是说男人和女人都愿意为对方付出，同时也能够从对方那里接收到爱。在有性有爱的基础上，双方还必须确定一个基本事实，自己跟伴侣是男人女人的关系；不是找到依靠、安全感之类的亲子关系，也不是不用负责的朋友关系。男与女的关系，是对等的、平等的、互补的。两性关系的完整性，就建立在性、爱、身份确定三个基础上面。

付出与接受的对等——平衡

两性关系是亲密关系中唯一平等、对称的关系，这就决定了两性关系要幸福快乐，相互之间的付出和接受须遵循基本对等的原则。在男人与女人的长期相处中，双方都愿意给予对方爱、性、尊重、信任、支持、关怀、照顾等，同时也能接受到对方给予的这些，这样的两性相处才能够达成平衡。

1. 三个要素无可替代

什么才是两性关系中你要（接受）的东西？哪些又是你必须付出的东西？人类处于狩猎时代的时候，男人对家庭的贡献大概离不开打猎、建房子、保护家人；女人对家庭的贡献包括织衣服、做饭、养孩子。这些概念到现在为止，仍存在于我们的潜意识中，只不过随生产力水平的提升而稍有变更。

直到今天，当你问丈夫或妻子：你在两性关系中有什么贡献？通常的答案都还是：我什么都做了呀！具体做了什么呢？男人说：赚钱、买房子、帮忙做家务，都做了！还不够吗？女人会说：洗衣服、煮饭、带孩子，全包了啊！问题在于，这些是你的伴侣想要的东西吗？下表列举了男女付出与接受的常见典型需求。

两性之间付出与接受常见的偏差

	付出（给予）	接受（想要）
男性	挣钱　买房　放弃机会 照顾她全家	尊重　理解　肯定 支持　包容　空间
女性	洗衣服　煮饭　带孩子　照顾他生活 为他牺牲原生家庭　为他生孩子	尊重　亲密　倾诉 理解　温暖　安全　时间

平常我们所见，不管男女，讲到付出时都振振有词，证据充足。但是如果你细心分析一下付出的东西，如挣钱、买房子、洗衣服、煮饭、带孩子之类，都属于行为、物质层面，都是能看得到、听得见、摸得着的东西。其实，这些都属于维系任何一个家庭的共同责任，都是必要条件，就算一个人过日子，也同样要做这些事情。而且，这些东西，多多少少都可以借助外力帮忙完成：赚钱可以靠投资收入，买房子可以借钱（贷款或家人支持），洗衣服可以用洗衣机或去洗衣店，煮饭可以请保姆或者干脆下馆子，带孩子可以由爷爷奶奶外公外婆帮忙。事实上，大部分家务的替代制度一直就存在着。在传统的宗亲制度里，宗族中都设有宗祠，从硬件上看，宗祠是祭祀祖先或家族中重要活动的场所；而从软件上看，很多宗祠中设立有类似基金的架构，是家族中有能力的人贡献其部分财产构成的，用于补贴、照顾家族中无依无靠的老人、寡妇、孩子等，或者为那些没有经济能力的家庭的孩子，提供接受教育的机会用。如今，在经济发达的地区，社会福利制度更加完善，一个人从摇篮到坟墓的所有事务，都可以由社会机构帮助打理。也就是说，所谓养家的责任，基本上都可以"外包"，社会经济文化的传统与发展都提供了相应的条件与可能，根本不用担心老人的生活问题，作为子女并不存在那

么多的负担。

有人说，为男人生孩子，无论如何都是女人的巨大付出！这恐怕是混淆了男女作为自然界一个物种的一种自然分工。自然界中，哺乳动物基本都是雌性孕育后代，雄性负责提供保障，更多的是狩猎和守地盘。生物学家的说法是，生物从同性繁殖到异性繁殖的演进，是有利于后代进化的，不同性别生命的结合，有利于生物的多样性，这样后代就更有能力适应不同的环境。当然，女性在延续生命的过程中扮演更重要的角色是肯定的，生孩子到现在为止还是有可能让女人冒上生命危险，健康方面也会付出相当大的代价，也因此需要男人特别的感恩和珍惜。但是，无论如何，生孩子这件事是男女双方共同创造的结果，是传承生命的必需。

这样看来，我们有理有据地说出来的这些付出，能成为维系两性关系的充分必要条件吗？

与传统的男婚女嫁，女人但凡嫁入男人家，就基本上要与原生家庭脱离的情形大不相同了，婚姻形态在今天，男人要离开父母的家，女人也要离开父母的家，然后跟对方合二为一，共同创造属于自己的家。离开原生家庭，不是牺牲，而是共同创造新的机会，让生命延续下去。于是，维护幸福的两性关系，就更需要彼此付出与接受之间的平衡。而基于上述分析可以看出，真正能维系男女之间关系的，彼此间最必要、最重要、最想要的东西，都得发自内心，自己去做，无法假手于人的。

☆ 身份的确定，你是你伴侣的男人（女人）吗？

☆ 爱，你能发自真心地去爱对方吗？

☆ 性，你能让对方碰你的身体，享受性爱吗？

这三点是两性之间最基本的需求和维系力量，通常也是最容易被忽略的东西。

还有另外一些东西，是两性关系能否和谐的润滑剂，它们都处于精神心理层面，包括尊重、信任、理解、肯定、亲密、温暖、包容、支持等，这些对外人来讲往往是看不到、听不见、摸不着的东西，却是男女都觉得很重要的东西，很多还只能意会无法言传，要靠两个人用心去感受，但这些东西也都无法外包，无法借助外力，只能自己去做。

两性之间比较理想的付出与接受

	付出（给予）	接受（想要）
男性	成为她的男人　爱　性 信任　尊重　理解 肯定　聆听　保护　时间	女人　爱　性 信任　尊重　理解 肯定　支持　温柔　空间
女性	成为他的女人　爱　性 信任　尊重　理解 肯定　支持　包容　空间	男人　爱　性 信任　尊重　理解 肯定　聆听　安全　时间

在这些基础上，还需要明白男女之间心理需求的差异。

男性	女性
重视结果　价值实现　建议指导 认可接纳　独当一面　沉默寡言 传递信息　适度空间　倍感需要	享受过程　情感满足　倾听分享 体贴关心　合作支持　滔滔不绝 表达感受　充分时间　倍加珍爱

2. 付出与接受有界限

两性关系中，真爱是无条件的。两个人相遇了，有了那么点"意思"，总是有一方先释放爱意。例如，男方先向女方送上一束玫瑰。女方如果也有意思的话，可能会建议一起吃饭；男方看见女方释放善意，可能更进一步，吃晚饭后再一起看个电影吧；女方如果还愿意，可能会说，看完电影还早，一起喝杯红酒吧……这样，一方付出多一点，对方接受，接受的一方觉得单方面接受不好意思，觉得自己也得付出，还要多一些，于是又反向释放多一些善意；接受的一方也有类似的心理，又进一步付出……这样形成一种两性交往的良性循环，双方都付出得越来越多，同时接受到的也越来越多，可能某个小段落时间里一方接受到的多些，另一方付出多些，但不平衡处总会随着时间推移慢慢地趋近平衡。两性交往的整个过程，一直围绕一条主线向幸福的方向进展，形成正向增长的线性关系。这样的男女，在付出和接受的对等平衡交替中在一起，幸福感会越来越高。

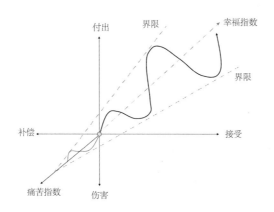

两性关系中付出与接受的平衡

图中的纵轴指一方向给予对方的东西，正向向上代表付出，给予正向的东西越多，付出也越多。负向向下代表伤害，越负向伤害越大。横轴代表一方从对方得到的东西，正向越多，表示接受越多。负向代表补偿，得到越多，代表补偿越大。

排列的观点是，两人之间的付出和接受越多，而且是平衡的，幸福指数高。图中用一条45°线表示付出与接受的平衡。两人之间的关系不可能保持绝对平衡，却可以此45°线作为参考。双方因自己的付出得到回应，付出更多一些。两人的关系就越来越亲密，越来越愉悦，幸福指数就越来越高。

说到这里，可能很多人心里产生了一种想法，两性交往，是不是所有的东西都要无条件付出与接受呢？当然不是！在两性关系中，有些东西是不能接受的，不能对伴侣做的，付出与接受是有界限的。

在情感关系里，不接受又不付出者，我们称之为"饥饿者"，排列中可见这样的人，往往对人对己都表现出距离感、隔绝状态。现实生活中这样的人很可能孤独终生。

只接受不付出，这在我们的文化里叫"陈世美"，负心人；相对，只付出不接受，是"秦香莲"，受害者。有一种传统的训导说，更多付出才能得到更多回报。的确，付出与得到是一种对应关系，人对社会、对家庭、对配偶、对子女、对亲朋都要有所付出，然而是不是付出越多，得到的就相应也越多？现实中大量的事实表明，在两性关系中，单恋、单相思通常没什么好前途，想以不断付出来感动对方，最终多是以失败收场。那么，只接受不付出，最终逃离这段关系的，猜猜通常会是谁？得到的那一方！因为对方付出太多，自己其实是还不起的，拿什么来回报似乎都不足以对等那一方的付出，那种歉疚、内疚会让接受者承受不了。

有些东西是不能付出给对方的。比如，能不做就不要做的是，给对方一个"受教育机会"。给予教育机会是父母的责任，不是伴侣的责任，这是对方承受范围之外的东西。

再比如，为丈夫付出一切，把他打造成为功成名就的男人，这种事最好别干，因为这是他自己的责任。自己在社会上的成就，是每个人自己的事。如果女方经济条件比较优越，让男方加入自己的企业、父亲的公司等方式，基本上是把婚姻及公司都毁掉。男人的天性是自己打拼天下，证明自己的能力以吸引女人。女人的潜意识中都是非常看重男人的能力的。给予男人经济或事业上的机会，男人不一定会感谢，反而会觉得那是在否定自己的能力。女人在精神上支持男人，尊重他的事业已经足够。

"我把生命都给你"这种情况也要不得。命都付出，听上去很高其实太贵，这叫生命不可承受之重，事实上更是伴侣承受不起的东西，通常情况下，只能把对方吓跑。有特殊情况，例如最近美国一个枪手在电影院中扫射，有个男孩因为替他女朋友挡了子弹而身亡，这是特殊情况下的英雄行为，也是男人保护女人的天性之一，但这必须在自愿的范畴里，同时只适用于非常情况。一般情况下，无论如何"舍命"，都不能成为两性交往中对付出的要求。

当然除了幸福指数外，我们还要讲讲痛苦指数，伴侣双方在关系中通常不是一帆风顺，多多少少会对伴侣造成伤害。小事可能是生活上的误会，自己的期望值没有被满足，大事可能涉及婚外情。

针对第三者问题，有必要多做一些陈述，在今天的现实生活中，这种情况出现得确实有些频繁，它对家庭和个人都有很大的杀伤力，我们有必要在解决之道上，进行更加清晰的梳理。

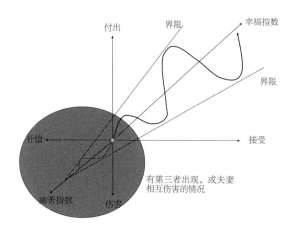

两性关系中的伤害

此图说明，一旦一方受到了伤害，要把痛苦指数控制在某一可接受的范围，那就要对方做出补偿，比如去实现一些自己非常想要的愿望，让对方付出一些代价。对方能付出代价，心理会平衡一些。受伤害的一方自己得到一些补偿，也平衡一些。但是，要求补偿不能超过自己受伤害的程度，如果你出轨，我也出轨，那么双方的对抗会越来越升级，最终分手。

第三者是婚姻或伴侣关系中最让人苦恼及痛苦的一件事情，而偏偏在两性关系中，我们的痛苦承受度有限，超出可承受范围，关系就会解体。我们对婚姻或伴侣关系的基本假设是，一旦成为一对，就该从一而终，即所谓忠诚；如果一方有了第三者，就对另一方造成了伤害，一定会危害到两个人的关系。

尽管专业的建议是，在第三者出现时，先不要质疑问题是怎么产生的为好，但是大部分时候，人们在问题出现后，第一反应都是想知道出轨的原因——TA为什么会这样？其实，真正第一优先重要的，是要知道伴侣双方还想不想继续在一起。如果还想挽回的话，要如何做？

总结起来，对付出轨的行为，通常就两种方式：报复或饶恕。

报复大概是用得最多的一种。报复的目的，通常不是挽救婚姻，回到曾经拥有的幸福中去，而是要对方体验一下与自己内心一样的痛苦。在报复中，唯一的好处是心理上比较平衡而已，无助于改善关系。如果报复无度，还会造成悲剧，让两人关系变得无法收拾。

饶恕，也是经常看到的一种方式。受伤害的一方向出轨的一方说，这次就算了，原谅你，下次别犯错误了。从行为表现上看，似乎受伤害的一方很大度。问题是这样一来，受害一方就站在了道德高地上，出轨的一方，在对方面前可能永远带着内疚，永远抬不起头来，甚至连补偿或找台阶下的机会都没有了。错误全归"出轨"的一方，这似乎成了人们理所当然的意识，受害人当然不需要负责，连法律的很多相关条例也是依此规定的。但我们发现，偏偏出轨行为的产生，通常两个人都有责任，常常还可能是受害的一方有意或无意识地把伴侣送到别人怀里去的。

其实，出轨者被"饶恕"时，心里反而更不平衡，如果以后也不知道怎样抬起头的话，在关系中，这样的状态往往导致出轨继续或变本加厉。

系统排列看待出轨，有几个重点：两个人还愿意在一起，双方都要有所妥协，在两性关系中，没有单方面的受害人。首先，出轨的一方要真心承认这是一种伤害行为，内心里允许受伤的一方做出一些报复，作为给受伤一方的补偿；其次，受伤的一方要给出轨的一方留有一定余地，给台阶下，可以做出一些报复行为以求心理平衡，但条件是，报复不能超过自己受伤害的程度。坦白讲，这当然很难做到，因为受伤的人通常都会把自己受的伤害，特别是心理层面上的，无限放大。现实生活中，受伤的一方很容易得到社会的同情。

事实上，完整的真相可能并非表面呈现的那样！我遇到一位女士，她说当她知道丈夫出了轨，感觉到"天塌了"。后来了解到，在婚姻中，她对丈夫的"照顾"其实是完全的控制，几乎无微不至、无孔不入，男人的经济、社会关系，在外活动的时间、地点等一切，老婆都要试图掌握或干预。男人怎堪忍受这样的把持？大约这位女士希望老公当她是"天"，其实老公的一切行止成了她自己的"天"，就怪不得得知男人出轨，这位女士会说"天塌了"，她这才发现她根本控制不了老公。

报复不能超过自己受害的程度，要求是受伤的一方真正反省自己在婚姻中要负起的责任，反省自己是如何"参与"及"造就"了一方出轨的。当觉察到自己的责任，同时，也愿意继续这段关系，那么才能把破坏性的报复，转变成创造性的补偿，让两人有机会重新吸引对方。

3. 自我提问探索平衡

两性之间付出和接受的东西很多，要探索是否平衡，可以问下面自我反省的问题。

关于身份确认：
你是他（她）的女人（男人）吗？
如果你100%是他的女人（她的男人），你会怎么对他（她）？
如果不是你会怎么对他（她）？
现在你是怎么样对他（她）的？

关于爱：
你爱他（她）吗？
如果你100%爱他（爱他），你会怎么对他（她）？
如果不是，你会怎么对他（她）？
现在你是怎么样对他（她）的？

关于性：
你愿意你的伴侣碰你吗？
如果你100%愿意，你会怎么对自己的伴侣？
如果不是，你会怎么对他（她）？
现在你是怎么样对他（她）的？

以上三个是最基本的问题，我们可以按照这样的发问模式，自己探索下面的问题：

你尊重他（她）吗？
你理解他（她）吗？
你信任他（她）吗？
你欣赏他（她）吗？
你给他空间吗？你陪伴她吗？（男人需要空间，女人需要时间。）

两性之间比较理想的状态是，相互了解对方的需求，相互满足（给予）对方的需求。事实是，男人和女人在大部分基本层面的需求上，有着非常多的相互一致性，如爱、性、信任、尊重、理解、肯定等，无论男女，都需要得到。而生理结构与基础、社会期望与压力等男女各异，自然形成他们在需求方面也会各有偏重，例如，男人需要空间，女人需要时间。

有了这些基本认识，双方要做的就是，了解自己及对方用什么实际行为及方式表达自己的需求，同时去满足对方的需求。然而现实生活中很多时候，男女交往、交流出现偏差、错位、误解、争执，往往就因为只关注和理解自己的需求而忽略了对方的，还假设对方懂自己；或者"以己度人"，认为自己的方式才是合理的、最好的，还假设对方"应该"懂自己或者应该和自己一样思考及行动。这样的结果，自然是把两性关系搞得很差。

男人与女人的言外之意

＊男士说："我需要被老婆肯定。"

老婆回答："就你那点屁事，我天天都在干，有啥好稀奇的！"（男人需要的只不过是一句话：辛苦你了。）

＊女士说："我很希望丈夫能听我讲些事情。"

男士说："说来说去不就是那些琐事吗，很烦啊！我有更加重要的事情要做呢！"（女人所要的就是男士的聆听，说什么内容不重要。）

＊男士说："我整天在外打拼赚钱，不是在为这个家拼吗？"

女士说："这就够了？我不用工作吗？家里每天都只有我跟孩子吃饭！"（女人要的是自己的男人能用点时间陪陪她。）

＊女士说："我爱丈夫的方式就是把家里所有事情全一个人搞定，不需要他担一点点心。"

男士说："我不知道自己能为家做些什么，觉得自己很没有用，很有挫败感。"（男士所要的，是在家里也能有些空间，让他发挥一下自己的能力，为家人服务。）

每个人都有满足自己内心需求的需要，这些需求获得满足的方式也各不相同，两性之间要达成和谐，彼此间要了解、理解对方的需求，同时在表达需求、满足需求的方式上，也要经历磨合过程。

4. 经营家庭的共同责任

童话故事总是讲到"公主和王子从此幸福地生活在一起"就没有了下文，而两性关系如果仅仅到此，只是相爱，没有之后继续共同打造一条船、同船共渡的话，就绝对不是完整、完善的生活图景。男女要长久地幸福生活在一起，就必然涉及两个人的共同责任及分工问题。男女如何一起应付生活中出现的各样问题，这是要双方共同付出的部分（见下表）。很多时候，两性关系出现问题，就是因为这些责任及分工被混淆了。

男女之间的共同责任与分工

家庭责任	分工
赚钱	有能力的去赚，双方协议
家庭财务安排（支出与投资）	双方协议 平时可以由一方处理， 重大投资要双方同意
家务	有时间的做，双方协调
带孩子	两个都要做
照顾父母	自己照顾自己的父母 伴侣协助
事业	自己搞定 伴侣支持
生病或其他意外事件	另外一方照顾

● 内外谁主都是贡献

中国文化中，男主外女主内的观念，至今根深蒂固。就算现状是女强人比比皆是，赚钱能力比男人强，但如果男人赚钱不如老婆多，社会地位不如老婆高，就很容易被女性瞧不起。

大约是因为现代经济结构的巨大变化，职场上，很多工作岗位为女士们提供了更合适的发展机会与空间，男人反而受到一些局限，于是客观上形成女人工作更出色、收入更丰厚的局面。这原本不成问题，但是，由于那些落伍的传统观念依然牢固，有些出色女人把自己的工作成绩及收入当作贬低男人的武器。常见的现象是，即便男士照顾家里方方面面所有杂事，做得很好，但就是工作不够繁忙、职位不高、赚钱不多，女士便会怪他不成大器，会想办法把男人推出去——去，去外面找机会！等男人真的花更多时间在外打拼了，女人又投诉男人太专注于工作，钱没挣多少，还不着家，把家务都推给了她。其实在这样的情况下，男士很憋屈，本来非常喜欢，也更愿意多做些家务事，既满足了自己的意愿，又为妻子踏实工作继续出色提供了最好的"后勤保障"，但无奈被推出去打拼，累得半死并不见得收益显著，回到家更落进受轻蔑、被讽刺的尴尬，以致坐立不安、无所适从。如此以往，夫妻间以及整个家庭的气氛变得越来越紧张。

我见过很多西方家庭，已经出现与我们大不相同的情况。我有位在加拿大的华人朋友，他家的夫妻角色完全"倒置"，丈夫最大的乐趣就是下厨、跟孩子玩、收拾房间、打理家务；妻子则很想在事业上有所成就。于是，夫妻做了沟通协议：女士出去工作，男士在家里做饭、带孩子。他们一家生活得很和谐，彼此尊重，认同双方所为同等重要、不可或缺，都是在尽自己所长、所愿对整个家庭提供了支持。

在中国，能形成类似形态的还不多见。尽管女主外男主内的做法在很多家庭中已成现实，但相处的结果很多是渐渐远离了初衷。很多时候，女士随着职场地位、收入的提升，越来越看不起自己的男人。而很多男士呢，在社会观念的压力下，也认为自己照管家庭那点事的贡献，无法和外出工作相比，自己从内心感觉压抑，抬不起头来。

当然还存在那样的情况，伴侣不支持自己的事业。以前的社会，只有男人才跟事业有关，女人主要管家事。男人在外打拼，女人在内管家，后院不着火，就是对男人事业最大的支持。现在，男女都有机会发展自己的事业，事业的发展当然是自己的责任，同时也有支持对方的责任。

如果男人说，你那种工作，整天往外跑，家里谁照顾？女人说，你那种工作，没前途，赚钱又少，职位又低，有什么干头儿？你看人家，福利待遇好，职位高，工作时间又短又灵活，你怎么就不学学人家？这些话，基本上否定了对方在社会中自我价值的实现，而自我价值的实现，是每个人心中最深层的需求之一。支持及协助伴侣实现TA的自我价值，才能把两人拉得更紧密。

● 钱财收入共同富足

家庭财政方面的冲突，也是男女之间的常见问题。家里的钱谁来管，各家有各家的形态，有的是男人包办制；有的是全交给女人；也有的是夫妻经商议，各出一部分作为共同消费金，其余各设小金库；还有的，完全混杂不分你我。观察下来，有些中国女性在家庭中的安全感，似乎是建立在对财务的控制上，"管住他的钱"是很多女士的口号。原本，管理家庭财物用什么方式并不重要，双方都心甘情愿认为可以接受就好，男女之间通过什么心态来处理财务关系，才是关键！以相互控制、不信任为心理背景的安排，总考虑万一分开财产归谁、如何分割，那双方都只能生活在互相提防的紧张甚至恐惧中，这样的情形下，相信彼此的感情也一定不是那种全然的付出。

以经营家庭为目标、为了家庭更加富足的心态来安排；以信任为本，支持彼此对钱的需求，在伴侣需要用钱时，总能及时得到，这样的财务安排，可以成为两性关系的润滑剂。

● 双方父母辅助各担

要求老公或老婆照顾自己的父母，这一直是一个非常有趣的想法。我们经常看到这样的情形，男人说最不满意女人的地方，是女方不照顾公婆；女人说嫁给这个男人，一个重要原因是他有能力照顾自己的父母。问题是，婚姻就是为找个人照顾自己的父母？还是说，结婚后双方交换父母来照顾？这类想法、做法背后有个"企图"其实是，由伴侣来照顾自己的父母，那自己就不用负那么多责任了，这等于把自己照顾原生家庭的责任推给对方。

每个人都有自己的父母，自己照顾自己的父母是最自然的事，对方没有天然的责任义务去照顾伴侣的家庭。如果你的伴侣主动去照顾你的父母，那么你应该加倍敬重及感恩对方，因为你的伴侣承担起了本来不属于自己的责任，在照顾父母的问题上，每个人对自己的父母有着天然的责任，伴侣应该做的只是提供必要的支持和协助。

跟随与服务的协调——秩序

中国人对秩序问题一点都不会陌生，所谓"长幼有序"就是传统文化中特别强调的。家庭系统排列在两性关系方面，次序或序位问题也尤为重要，但不是一个"长幼有序"就能全面概括的,甚至不大适用,需要明晰和调整。

系统排列对两性之间次序的理解,有如下几个层次。

1. 纯粹两个人之间的次序

系统排列的创始人海灵格描述,男女之间比较适宜的次序是:女人跟随男人,男人为女人服务。

或许因为"男女平等"的观念,原本用意就侧重于强调尊重女性,在社会生活中建立起男女地位同等的秩序,因此海灵格的话经常被人误解,而且这个误解多数来自女性。有些女士看了前半句就一下子火冒三丈,后面那句话完全看不见、听不见。其实,男女之间的次序,跟他们是否对等或平等毫无关系,而是与男女不同的自然天性、在两性关系中的自然分工,以及如何更有利于彼此相处等目标有关。

女人跟随男人是指,男人的天性是闯荡四方,开拓自己的属地,为家庭发现新的资源,最重要的天职是为家庭提供繁衍生息的保障;女性则更适合养育后代,更擅长对家庭内各种事务的维护。因此,基于男女两性各自的自然天性,男女之间更适合的相处方式一定要求,女人跟随男人进入他的场域,包括地盘、地区、企业、国家、文化、宗教信仰等,这是男性力量、价值得到认可、肯定的最好证明。如果是男人进入女人的场域,则等于要压抑住男人的本性。

男性女性在一起,就像两个人合伙开了一家股份公司。如果一家公司是50%对50%的股份,会发生什么事?会打架、争吵、争夺谁有决定权。所以,近代公司最大的进步之一是把所有权跟管理权分开,股东会议指定一个人去做CEO,他最重要的任务是为了股东的最大利益而工作,这个方式非常有效地解决了所有权跟管理权的分歧。在两性关系中,双方都做领导的话必定会打架,让男人去做CEO,反正这个男人天然要为股东——他的女人的最大利益效力,他需要了解女人的需求、意愿,挣钱要先分给股东。按照这个思路、这个秩序解决家庭中的问题,能让家庭"运营"得更好。

"男人跟随女人,女人为男人服务"是不是就真的不行?这样的安排在目前中国社会的观念中听起来还是很别扭,在西方,很多人逐渐在接受这样的现实,建构这样的家庭模式,也生活得很好。男人负责家务,女人出去工作,这种现象的出现,具备两个必要的条件才有可能:第一,女人的经济能力比男人要强,在中国,这种情况已经十分多见;第二,女人不再把工作、赚钱能力当成挑选男人的标准,就算他们这方面不如自己,在家带孩子、做家务,也仍然当他们是你值得骄傲的男人。同时,男人也同样接受自己的位置,把带孩子、做家务当成一件非常有价值的事业来做。这对双方的意识水平要求都很高,因为,这种形态跟传统观念不一样,也跟目前仍为主流的社会观念不一样,不可避免地会被人在背后嘀咕、议论。

有人问,还可能有"女人跟随男人,女人为男人服务"的模式吧?这种典型的大男人主义,打压女性、唯男人是尊的伴侣关系,现在也非常少见,在我处理过的个案中只见过那么一两回。记得有位男士求助者,他自己有了婚外情,希望我帮助他解决如何让自己现有的太太平静地离开他的问题。我当时对他直接的回应是,我帮不了他的忙,他对女性没有半点尊重。我拒绝处理他的个案,只告诉他要为他自己的行为负责。他当时愤怒地抗议,随即就离开了。

目前最常见的是"男人跟随女人,男人为女人服务"这种形态下的"强女人"。几乎每个工作坊都有几位女性案主,来解决两性关系不好的状况,一坐下来就投诉丈夫如何表现得不好,她们多么委屈,自己对家庭贡献这么大,丈夫却还要离开她们。排列呈现的真相往往是,这些女士一方面很需要男人,但面对自己伴侣的时候,要么做公主,要么做皇后,要么做"慈禧"太后,或者是武则天,把丈夫看成跟班、服务生,呼来喝去,就是没把他们看成男人,没有半点尊重。这样的状态,两性关系能长久吗?

2. 心灵,不可错落的空间

每个人都活在关系中,我成为我,是因为你是你;你成为父母的孩子,是因为他们是你的父母;你成为伴侣中的TA的一半,是因为TA成了你的一半;你成为父母,是因为你的孩子是你的孩子。每个人都因为其他人,而相互决定了自己在家庭系统中的位置、身份,当然这同样也决定了,在世界上你是谁的主要背景、情景、语境。

在这里介绍一下我的心灵空间理论,这个理论当然是由海灵格原有的说法衍生出来的。海灵格说过什么是幸福,感觉到满足,就是把家庭系统中每个人都给予TA的位置。把这个说法精细一些分解出来,就是我的心灵空间理论。这个心灵空间在家庭系统排列中有三个重点假设。

第一,人的心灵可以划分为很多区域,就好像电脑硬盘的格式化分区一样。每个区域都可以确定成为某些空间,给相应的人居住其中,用排列理论最初的语言讲,就是给每个人一个位置。如下图所示,在我们最亲近的关系中,至少划分成为五个空间让家庭成员进驻其中,包括自己、父母、兄弟姐妹、伴侣、孩子等。

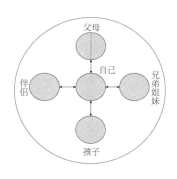

心灵空间理论

第二,人内在有一种自然需要,就是每个心灵空间内都要有东西填补其中,而且不管是什么东西,可以是任何人或任何物质的替代品。例如,有些人痴迷某种喜好,我认识一位先生爱汽车,对他来讲,车就是自己的老婆,任何人都碰不得。

第三,只有每个心灵空间原本对应的那个对象进驻其中时,家庭关系才有可能和谐,每个人才能感觉到美满。具体来讲就是,自己的空间中装载着自己,父母的空间内装载的是父母,兄弟姐妹的空间中装载的是兄弟姐妹,伴侣的空间中是丈夫(老婆),孩子的空间内是孩子。这样一来,每个人的位置,或者说身份都很适当。这些跟孔子所提倡的"父父、子子"的理念是一样的,父母要以父母的身份去行事,做伴侣的以伴侣的身份去行事,做孩子的要以孩子的身份去行事。这样才是长幼有序,才能各司其职。

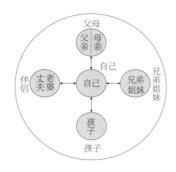

序位完整的心灵空间

问题是，很多家庭都没有这么美满，来工作坊要求处理个案的当事人，家庭内很多时候是另一番景象。例如，一些女性，婚姻不愉快，跟自己的丈夫关系不和，投诉丈夫不负责，不了解自己，不管孩子等。用心灵空间的理论去思考，再用排列去核实，经常发现问题是：这位女士心目中，要么把爸爸作为伴侣，要么打造孩子成为自己的理想伴侣，而把老公的位置搞错了！要么把老公当成父亲，对他的态度就像孩子对爸爸那样索求；要么把老公当成孩子，教育他、教训他、改造他，就是不把丈夫当成男人！当然，男人也有自己的心灵空间，老婆没把自己当成男人，那自己要么做她的父亲，负担很大；要么做她的孩子，憋屈得很；就是自己的伴侣空间空缺，没女人！

心灵空间理论的一个重点是，每个空间都要被填充，这是人的自然需求。如果哪个位置空缺，必然会有其他填充者进驻，比如自己的伴侣空间空了，自己的老婆不是自己的女人，那么其他女人就很可能乘虚而入，占据这个空间。

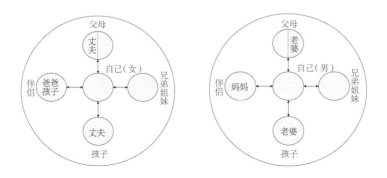

失序错位的心灵空间

当然，男人也有类似的情况。很多时候男人投诉女人不理解他，整天管着他，不能给他所需要的东西，跟老婆没感觉，觉得她像个小孩没长大，说不定女人在外面有了另外一个男人，搞得自己很没面子，很伤心，没办法原谅她。但当进一步探索他们两人关系后，呈现的现象通常是：丈夫跟自己妈妈很接近，把妈妈当成自己的伴侣，根本就不理会自己的老婆，老婆在他的心目中没位置。或者，把老婆当成妈妈，向她索求还对她诸般挑剔；要么把老婆当成孩子，管教她、约束她、限制她。女人当然在这种情况下觉得备受冷落，不受重视，甚至人生都被压抑得不行了，寂寞空虚还得不到尊重。自己的伴侣空间也空了，因为丈夫没有真正做她的男人，那怎么办？有另外的机会的话，那就投入别人的怀抱中呗！

当自己的心灵空间有错位的情况，伴侣的空间不是被老公（老婆）所占据，而是其他成员在里面，例如男人离不开妈妈，女人离不开爸爸的话，这是非常有效的"出让"方式——把自己的老公（老婆）成功地送到其他女人（男人）身边。

学会自我觉察，回归本位，才能支持两性关系。

3. 涉及其他子系统的秩序

两性关系系统，确切来讲，有五个子系统：第一个子系统，是男女两个人之间的世界；第二个子系统，是指夫妻成为父母后，跟孩子之间的亲子系统；第三个子系统，是夫妻双方各自曾经发生关系的伴侣，包括前度伴侣及婚外的伴侣等；第四个子系统，是夫妻双方各自的原生家庭系统；第五个子系统，是指两个人各自内在的身心系统。

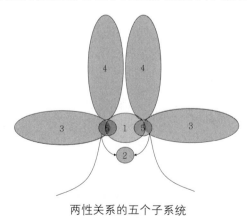

两性关系的五个子系统

注：1.夫妻系统；2.亲子系统；3.其他伴侣系统，4.原生家庭系统；5.内在身心系统。

五个系统相互影响。内在身心系统是核心；两性连结后形成夫妻系统；有了孩子后，亲子系统围绕着内在身心系统以及夫妻系统。同时，未了结的其他伴侣系统一直对现有上述系统产生影响，而原生家庭系统为我们奠定了人生基础，这个系统对前面这些系统一直有所左右。需要认识到的是，内在系统的和谐一致，总能反过来滋润两性关系及亲子关系系统，了结跟其他伴侣的纠缠，能传承原生家庭对自己宝贵的东西。

一般的规则是，新的系统优先于旧的系统，这似乎是生命传承的法则。所有的生命系统都有一个生命周期，旧的系统成立，是建筑在更旧的系统之上的新系统，它跟着环境的变化而演进。旧的系统一个根本任务是有关生命的，就是要孕育和支持新的系统。而旧的系统的生命迟早会解体、消失，让新的系统根据环境继续进化，整个过程周而复始，循环不绝，万物因此生生不息。

这些系统规则在各种不同性质的子系统内和子系统之间，还有些差异。

● **夫妻系统与亲子关系系统**

没有亲密关系（夫妻系统），就没有亲子关系，亲密关系优先于亲子关系。也就是说，你的小家，包括伴侣（夫妻）、孩子等关系，跟伴侣的关系要优先于跟孩子的关系。父母能给孩子最幸福的一件事就是，有美满幸福的两性关系，成为孩子的模范；让孩子看到自己是父母爱的结晶，自己永远都有父母作为靠山，而且在父母身上学习到两性可以如何相处。

孩子刚刚出生的时候非常可爱，也很脆弱，父母的关注力很自然放在孩子身上。这个时候，通常也是两性关系开始出问题的时候。父母其中一方把孩子放在第一位的时候，作为伴侣的另一方就开始觉得自己被忽视，开始用各种方法争取自己的地位；另一方不觉察、不妥协，双方的矛盾就开始出现。很不幸，很多时候老婆的注意力都在孩子身上，丈夫会觉得自己备受冷落，在家里没位置。有时候丈夫也可能有这种情况，关注力都在孩子身上，只要孩子有什么事情，如发烧、哭闹等，都怪老婆照顾不周，结果也让老婆委屈、愤怒。我的老师曾经做过一个个案，案主上课时，老公和孩子都病了，要赶回去看他们，却很纠结究竟先看谁，好像孩子更脆弱，应该先看孩子怎样了再管老公，但又担心老公心里不舒服，觉得自己没孩子那么重要。老师直接告诉她，以丈夫优先，先看丈夫。案主照做，丈夫非常欢喜，马上不顾自己的身体，和案主一起去看孩子。把伴侣放在第一位，他（她）就会为你要做的事情尽力付出。

● 与其他异性伴侣的关系系统

现在的家庭（小家），优先于其他伴侣关系，包括前度伴侣和现在可能的第三者。现在的社会，大多数人都不会遇到第一个异性就结婚，结婚的那个伴侣，很可能已经是第二、第三甚至是第 N 个伴侣。从连结的角度出发，我们知道前度伴侣的连接力、维系力或者情感的强度，比后来的要大，具体的表现就是，就算跟现在的伴侣结婚了，心里还没跟以前的伴侣了断，尤其是那些有过孩子的伴侣，不管是否生了下来；或者说跟前度伴侣被迫分手，但心里从来没忘记过 TA。那么，虽然结了婚，心里仍然关注以前的伴侣，让现在的伴侣感觉到自己占据不了对方心中最重要的位置，那么这段婚姻很难维持。解决的方法是在内心深处必须跟前度伴侣有个了断，和平分手，祝福 TA 的未来，把心转到自己现在的伴侣身上。

● 每一个体的身心成熟度

不能忽略的是，每一个人本身就是一个系统，这个子系统对两性关系非常具有影响力。

身处两性关系中的每个人都至少有三态的自己：一个为人父母的自己、一个成人的自己，还有一个作为父母孩子的自己，比如一个女人，她会是孩子的妈妈、她男人的女人、她自己父母的女儿。同样，男人也有相应的三态自己。男女交往，各自都可能以不同的姿态出现，让两个人的关系充满各种火花。

核心的问题是：在两性关系互动中，你长大了吗？我们看到很多人身体已经是成年人，心灵却还跟孩子一样，我们称之为"超龄儿童"。超龄儿童的表现是，希望对方给予自己需要的一切；要求对方无条件地爱自己、彻底包容自己；自己可以很任性、耍赖、索取，很依赖对方；对方还要时时处处做出最正确的决定，领导自己。另外一些人心灵还停留在青春期，要么做梦，要么愤青，喜欢玩离合游戏，自以为是，总是自己对、对方错，不站在对方的立场思考和感受，自己是唯一重要的。这些心态都无法成就一段真正的两性关系。

如果女方总是教训男方，例如对男人说，你应该找份好的工作，你应该有前途，你应该这样才像个男人……女人这样想、这样做时，其实是把对方看成孩子，你们就不是夫妻关系，而是母子关系。长此以往，男人就会以孩子心态对这个女人。好啊，你说了算吧，反正我说什么都不对。反过来也是，男方对女方说，怎么整天穿成这样，妖精似的！别就知道乱花钱！家务做得好点！学习一下做饭吧，啥都不会……这样的男方，是以父亲的状态来教训女儿，女方会很郁闷的。

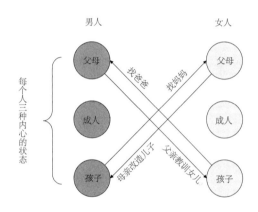

不成熟的两性关系

从儿童到成人的成长过程中，经常会有某些缺失，这些缺失被带进两性关系中，会造成角色摇摆。当你做孩子的时候，对方是父母；对方是孩子时，你是父母。通常，老婆教训老公，就像教育孩子；老公宠老婆，就像宠孩子一样。这会对两性相处造成什么样的问题呢？带着原生家庭很多价值观、习惯过来，同时潜意识中希望伴侣像自己父母那样照顾自己。有的时候，双方都在孩子状态，排列发现，这种状态，是两个人最大的冲突来源。

正常的、好的两性关系是，当两个人在一起的时候，彼此是成年人对成年人的平等、对等关系。这种状态下的两性关系表现是，双方都能站在对方角度思考和感受，双方都能自我反省，能表达自己的感受，同时能针对事情进行平等商讨，提出自己的请求，有舍有取，有妥协。

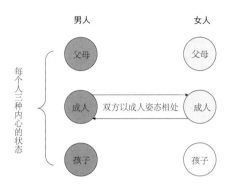

成熟的两性关系

4. 破除中国式婚姻之弊

两性相遇后想在一起幸福快乐,还要懂得处理好与原生家庭之间的次序问题——必须以伴侣为先。

下面以模拟场景的方式呈现中国式两性关系的常见状态。

● 托付全家,不可承受之重

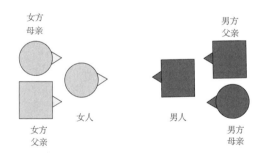

两性相遇 = 两个家庭的相遇

示范:

一男一女相遇了,【女方】对【男方】说:我很爱你,但我的父母比你更重要。

【男方】:很难受。

【男方】对【女方】说:我很爱你,想和你在一起,不过,我父母最优先。

【女方】听后:想后退。

男人女人都一样，内心里都希望对方把自己放在最重要的位置。如果换一种说法，又有什么效果呢？

【男方】：现在我长大了。有时候我需要去照顾我的父母，同时，跟你在一起了，你是最重要的！

【女方】：我同样需要照顾自己的父母，同时，跟你在一起时，你就是最重要的！

听到上述的话，【男方】【女方】都向对方走过去，他们很亲近地站在一起。

走进两性关系，本来是精神上、物质上都已独立，不再依赖父母的重要起点和标志，但是中国式婚姻，通常都是女儿离开原生家庭，嫁入男方家庭，结果是，许多女性结婚，是把整个家族嫁了过去。

【女方】对【男方】说：我嫁给你了，我整个家族都靠你了！

【男方】：压力好大，喘不上气来。

● 滞留家中，不用成长之害

女方嫁入男家的中国式婚姻形成的另一种情形是，丈夫永远不用离开家，不用长大，这个家不是多了一个老婆，而是多一个女儿！

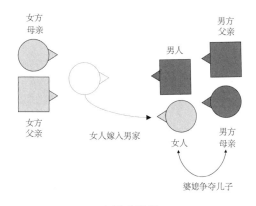

中国式婚姻

【女方】走入【男方】的家庭圈，站在【男方】的左边，【男方父亲】、【男方母亲】站在【男方】身后。导师询问这样的站法，所有代表各自的感觉：

【男方】：很好！

【女方】：想往边上走……

【男方母亲】：一切都在掌控中，很好！

【男方父亲】：很好！

【女方母亲】：很空。

【女方父亲】：感觉我们的女儿被抢走了。

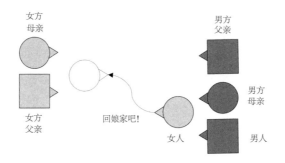

中国式婚姻婆媳战争结果

一旦出现问题产生摩擦，比如在婆媳抢夺儿子（丈夫）的大战中，丈夫选择站到了妈妈身边，家庭的格局会发生很大变动。

导师询问这时候每个人的感觉：

【婆婆】：很开心。

【男方】：很好，安全了。

【女方】：很空虚，想回家，向父母走去。

● 共建新系统，小家为优先

男女双方都离开各自的原生家庭，成立一个新系统；女方与原生家庭系统之间保持距离，以丈夫为重；男方与原生家庭系统也保持距离，以妻子为重。

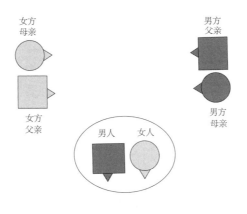

建议的婚姻架构

中国人的家族观念很浓,至今还是以父系的原生家庭为主导的模式,中国人的家庭概念也因此是以父系为核心的概念,孝道为先,凡事都要把父母放在第一位。所以,我们看到的中国电视剧中基本上都是婆媳大战、抚养纠纷、父母插手儿女婚姻事务等情节。这类冲突属于特有的中国式婚姻问题,在家庭系统排列里面表现特别明显。

西方近代社会开始走进核心家庭模式,即由丈夫、妻子和孩子组成的家庭。孩子长大之后,脱离这个家庭而独立,去成立自己的核心家庭,这个新的核心家庭获得尊重,表现在事事以这个新家庭优先。这个价值观在现代西方各国已普遍得到认可,也值得我们中国家庭借鉴。

其实,从排列的角度看,以新的系统(俗称小家)为优先,的确有利于小家的幸福,而且可能是家庭幸福的必要条件之一,这一点不受东西方不同文化价值观的影响。

第三节 / 传承爱的情感模式

一见钟情是投射

前面我们已经明确，家族系统排列的研究对象是"可以传承生命的爱"。

传承生命的爱是如何开始的？必然由一男一女开始。

人海茫茫，什么样的男人或女人，会让我们心动？按照心理学的看法，通常而言，女性一开始会留心的那个人，往往是潜意识里跟自己的爸爸很像的；男性会不自觉多关注的那个人，则一般都跟潜意识里自己的妈妈相类似。当这两人相遇，会莫名其妙地感觉很亲近，感觉很熟悉，感觉在一起很舒服，彼此打开心门，这两个人就结合在一起了，成为一对伴侣。这便是爱的开始！这种貌似偶然的相遇与结合的情形，我们通常称为"一见钟情"。

二见钟情才是真

1.激情过后见水火

一见钟情的激情过后，高涨的情绪恢复常态，男女双方可能突然发现对方和自己之前以为的完全不一样，TA 其实真的不是、也不像潜意识里自己熟悉的父母，而且 TA 还有这样那样的缺点不可容忍，彼此在一起相处有这样那样无法调和的冲突。那一刻，失落产生了，失望出现了，热情降温了，爱情褪色了，你确定地知道,TA 与你非常不同，甚至如同一个来自火星，一个来自水星，根本水火不相容。其实人家可能没什么变化，本来就是原来的样子，只不过是我们到现在才看清楚。

家庭治疗大师萨提亚 (Virginia Satir) 曾经说过，人性的最大倾向，是维持自己的惯性，执着自己熟悉的东西，也就是停留在自己所谓的"舒适空间"(comfort zone) 之中。每个人都有自己的背景，各自家庭系统带给我们不同的经历，这些经历、背景，可能还要加上环境等因素，使每个人学习到不同的行为习惯、不同的处事能力、不同的信念与价值观。

最简单的，每个人的生活习惯都受原生家庭的影响很大，各有自己的风格和自己觉得最舒服的方式。偏偏这些方式，不一定适用于自己的伴侣。我的一个老师讲过德国的一个案例，一男一女结了婚，仍然各自有自己的住所，今天男人去女人家，明天女人去男人家，他们在各自的住所里延续着自己的生活习惯，彼此干扰很少，生活非常愉快，这种状态维持了很多年。生了孩子之后还保持这种状态，又经过几年，也非常好。后来他们突然决定像其他夫妻那样一起过日子，几经努力，搬到了一起，但一年后离婚了，就因为生活习惯无法调和。

我的一个个案中，男方来自西北高原，非常干燥穷困的山区。在那里，水比黄金还要珍贵，于是人们养成的生活习惯是一年洗两次澡。他娶了个东南沿海一带的女士。她，一天洗两次澡。两个人走到一起，女人快要疯了，不让男人碰，男人改为一个星期洗两次澡，女人还是受不了。

要在一起的话，总得有一方或者双方同意共同建立的家庭在哪里安居。曾经遇到过一位女士，跟另一位男士坠入爱河，男士在深圳居住，女士在北方。谈婚论嫁的时候到了，男士想把女方接到深圳一起住，女方就是不肯，因为要远离家乡，结果只好分手。

所以当排列讲付出和接受的时候，并不是单纯金钱的付出，而经常是些无形的东西。要注意的是，无论付出还是接受都跟对方有关，比如女人跟随她的男人到另外一地生活，她的付出是非常大的，如果男士忽略这一层面，摆出女人应当应分的架势，还怪罪女人不能很好地适应环境变化，不能给予女人应有的关怀和体贴，他们的婚姻就会出现问题，甚至无法维持。

事实上，不光是生活习惯，还有能力期望值等各种问题。现在，多数女性和男性一样有了平等的受教育和参与社会竞争的机会，不但经济独立，而且知性有见识，甚至更加适应这个时代的需要。男人在事业上和身体上的强势、吸引力已经大为减弱，要吸引女人，满足女人，必须大力发展自己的情商、处理关系等各种能力。TED 有次请到心理学家飞利浦·津巴多（Philip Zimbado）演讲，题目就是"男人的没落"，大意说男人现在越来越没有优势，而且越来越喜欢面对电脑，而不喜欢面对着人，结果，对于女人发出来的情绪化、模糊兼非逻辑的信息，无法理解。偏偏这个世界女人本来就在语言能力及情商方面普遍高过男人，于是女人一感觉受了委屈、受了伤害，就发泄情绪，头头是道地向其他人倾诉男人不行。女人能哭诉，男人呢？

女性一般希望男性有能力，而且最好各方面都比自己强，但现在一个在事业上很成功、内心也强大有力的女人，要求他的男人在经济能力和心理智慧上都要强过自己；又因为女性也有自己的工作和事业，也希望男性在家庭中对孩子的教育，有更多的时间投入，而不是像过去那样简单的男主外、女主内……今天的社会，对男人的考验果真是"压力山大"啊！

时代的发展决定，男人女人都需要好好地审视与反省，对各自能力的要求与认同究竟应该是怎样的。执着于自己必须要比拼、对方更要强大的结果，通常可能两败俱伤。

2. 婚姻是一桩"赔本"生意

当人发现与自己不同的人，也就是对方的想法、行为、习惯跟自己不同的时候，第一个反应是不舒服，如果想继续相处下去，那接下来是要把舒服找回来。算得上捷径的方法是"同化"对方，让对方跟自己一样了，才感觉到舒服，因为那才是自己熟悉的东西，用不着自己花心血、精力去适应。同样，对方也知道，直接整改对方更快，自己也更舒服，于是，相互劝说、教育、修理、控制的过程就开始了，同时也省却了相互理解、感受、沟通、妥协的麻烦。

是啊，每个人都希望同化对方，也都想保持自我的独特性，不想被对方同化。一旦来自对方的修理、控制临头，自己感受到的是不被尊重、不被包容、不被支持，甚至是被伤害、被侵犯。人会为了自我保护而启动防卫机制，从自动防卫到主动对抗，我们因此陷入冲突：

"如果我什么都要跟你一样，听从你、跟从你、服从你，那我是谁？"

"你以为你是谁？我们在一起，难道不是平等的吗？凭什么你觉得自己的就是好、就是对、就是棒？"

"我就要证明给你看，我比你好，我比你更正确，我比你更出色！所以，你得听从我、跟从我、服从我！"

相信这些内心独白，大家都不陌生，不过如此一来，彼此心与心的沟通还有可能吗？当各自的不同之处发生碰撞的时候，摩擦、冲突、不和也就开始了，小到对方的穿着仪态、行为习惯，大到财政安排、家中事务的分工、谁有话事权、家中哪些位置属于私人空间、哪些是公共空间、怎么教育孩子、如何与双方老人相处等各种的沟通表达；更深的，触及到价值观、信念、规条、态度、情绪模式、性格、自我认同、人生态度、未来的方向、家庭关系、社会关系、宗教信仰、意识形态等，都有可能造成彼此之间不理解、不认可、不妥协，最终导致摩擦变成冲突，冲突变成战争。

常有人说婚姻是爱情的坟墓，其实很多时候不是两性之间的爱不在了，而是一方或者双方都没有为了进一步的相处，对爱的模式进行调整。恋爱的时候，双方都因为在潜意识当中发现了对方身上自己父母的"痕迹"，彼此敞开了心扉，也就是说，男女爱情通常从投射开始，彼此相处的第一阶段是投射引发，会很火热。相处时间长了，特别是进入婚姻后，自己原本的"舒适空间"自然而然地回归，也看清楚了对方的本来面貌，为了停留在并且保护自己的"舒适空间"，我们不自觉地启动了"情感防御模式"。然后，慢慢地，自己心灵的部分或全部，会向对方关闭。很多伴侣走到这一步，会选择分手。

没有分开而选择继续在一起的伴侣，有很多功课要做，小到生活习惯、各种细节，大到人生观、价值观、信仰的互相理解和包容。总之，进入两性关系的第二阶段，才是真正爱的开始。海灵格说过："结婚要幸福的话，对于每个人的自我（认同）都是一门亏本生意。"他的意思是，如果两个人在一起的话，必须在自我认同上做出一些改变，也就是说，我们可能要为两个人关系的延续，做出很多调整，包括迁移居住环境、改变行为习惯、认识增强自己的能力、反省更新自己的价值信念、觉察促进自己身份的蜕变等，为了新的关系，跟过去部分的自己告别，这叫做自我的超越。两个人都能自我超越，才能形成共同的部分。

无论如何，两个人要继续一起走下去，真正接纳对方更真实的样子，这是一个考验！看到了彼此的不同，愿意互相了解、信赖、支持、自我调整、求同存异，同时双方都愿意发展出一些以前自己还不具备的能力，用来跟对方良好相处，譬如说，情绪处理能力、站在他人角度看问题的能力、表达自己情绪感受的能力、对话及妥协的能力等，最后才能相扶相搀一起走人生。我们说，有后续的爱情、完整的继而完美的婚姻，都是"二见"之后彼此"妥协"的成果，二见钟情才是真。

3. 真我部分不可丢

想要两性关系良好，双方总得在原有单身的生活方式上做出一些妥协，偏偏很可能要妥协的部分是我们自己认为很重要的，仿佛把这些东西认同为自我的一部分，不能改变。

比如，两性交往中几乎每个人都问过自己：

我的人生只是这样吗？

我的自我价值究竟是什么？

我还有什么潜能没有实现？

我要怎样实现真正的自己？

我人生的愿景、存在的意义是什么？

这些基本上是一个问题：我如何在世界上留下曾经活过的证据，参与创造未来的世界？在这个层面，可以称为真我的部分，是自己的使命。两性关系中，不能丧失的是真我的那部分，就算可能让对方失望和伤心，也不要以真我来交换对方的爱或期望。

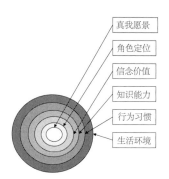

形成自我认同的六个层面

日剧《女人四十》中，女主角说了一句话："要嫁人的话，就要嫁一个可以允许伴侣去实现自己的人。"不要拿自己的人生目标和理想做妥协。这里所讲的关系，就不是一般的男女关系了，而是成为相互的知己知音，相互允许、鼓励、欣赏、分享、共同成长、共同修炼，甚至共同创造的同伴关系。

判断一段关系是否合适，基本上要问自己一些问题，跟这个人在一起时：

☆ 你的世界是大了，还是小了？

☆ 你的潜能能发挥出来呢，还是更加被压制？

☆ 你的心灵是有活力了，还是更加死气沉沉？

☆ 你的人生目标是更加确定，还是更加迷茫？

☆ 你是越来越身心一致，还是更加分裂或麻木？

☆ 你身边爱你的人或你爱的人是多了，还是少了？

☆ 你生命活得是更有分量了，还是仍然浮躁颓废？

☆ 你是否更能表达你的喜怒哀乐，还是更加压抑？

☆ 你是否更加满意你的物质条件，还是更加为物质而奔波？

☆ 你是否对世界更有贡献，更有成就感，还是更多困惑和无力？

我们建议的是，在两性关系中，每个人都保有自己真我的部分，而在自我认同上做出一些改变，建立自己跟伴侣之间共同的生活场域，在生活环境、行为习惯、知识能力、信念价值、身份角色上逐渐达成妥协。同时，为了彼此共同成长，让两性关系和谐长久，还需要觉察自己的指责、辩护、冷战等倾向，与伤害伴侣的行为和意识保持距离，最好是能够自我约束，自觉禁止这类行为和意识。

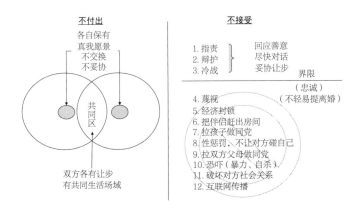

平衡真我与界限的两性关系

如果你跟另外一个人在一起，你能做真我，实现自己的愿景，世界更大了，潜能发挥出来了，心灵更有活力，人生目标更清晰，身心一致，身边爱的人多了，生命活得更有分量，喜怒哀乐更加随心，物质条件更加丰富，同时觉得自己对世界更有贡献的话，那么，恭喜你，你可能找到了灵魂伴侣。

两性四情定终身

1. 两性相悦，柔美贤 VS 三"CAI"

在深层的认识层面，比如对能力的认识，男女之间的差异很大。女人比较看重男人的能力，男人更看重女人的气质。

对男人能力的要求，自古已有，因为远古年代狩猎的需要，男人比较强壮，才能有比较高的生存机会。以能力为基准，女人挑男人要三"CAI"：第一是身材，女人一般会挑比自己身材高大的男人，少有会从心里愿意挑比自己矮小的男人的；第二是人才，四肢发达头脑简单也不行，至少得有些学识、专业或艺术修养，像个人才；第三是钱财，可以过小康、小资的生活。"高富帅"还不能涵盖女人一般想要的，能令女人动心的，是男人真正尊重女人，聆听及了解女人的内心需要。

反过来，男人挑女人，几乎很少以对方的能力作为标准，"白富美"只是媒体中的流行词汇，不见得是男人内在需要的。社会学工作者曾通过调查问卷做过调研，结果发现，女人太富有的话，是减分，不是加分。现在很多女性喜欢跟男人拼能力，做什么都不肯输给男人，通常男人会从内心里对这样的女人敬而远之。那男人要什么呢？美貌固然是男人所希望的，贤淑也是挑选女性的标准，可不是指女人在社会上做事的能力，而是对男人的态度；最能让男人折服的是女性的温柔。对着好强的男人，女人最厉害的武器不是争强，也不是示弱，更不是什么都装作不懂，而是"示柔"。把头往男人的肩膀上一靠，男人的力量及尊严就自然被引发出来了。"柔美贤"才是男人看女人的一般标准！

2.价值认同，携手建两情体系

每个人的价值观都有可能随着成长而改变，起初，我们对父母传下来的那些价值观是无意识认同，而正是它们，往往成为两性关系中造成冲突的主要原因。

所谓的物以类聚人以群分，指的是有共同价值观的人，很容易走到一起，体现的是人类在意识深层次上的共性与相互认同，决定了什么对我们重要，什么不重要。同时，这样的观念也形成一种自我防御机制，判断谁是自己人，谁是外人；谁友善，谁带着敌意。男人女人来自不同的原生家庭，有不同的背景、不同的人生经历等，都是自己价值观形成的因素。两性要和平相处的话，双方都要放弃一些原生家庭或人生经历中学习到的价值观，甚至是原生家庭的传统，然后跟你的另外一半建立一个新的共同价值观体系和新的家庭传统，这样两人才有机会"执子之手，与子偕老"。

从原生家庭中传下来的价值观，影响两性关系最重要的一个元素是，男人女人怎样对待对方。父母之间关系不和，父亲有第三者；母亲很委屈，觉得男人信不过，女儿同情妈妈，对爸爸生气，同样也继承了妈妈的价值观——男人信不过。带着这个价值观，当女儿长大去找男人时，很容易对男人挑剔，就算男人很爱她，她也认为"男人信不过"，不断质疑他，甚至把他推远测试他。男人受不了，真的找个红颜知己，这时女人就更加肯定"男人信不过"。她不会想到自己从妈妈那里继承的价值观，才是把自己的男人赶到别人身边去的罪魁祸首。又例如，妈妈在外面有情人，爸爸可能会教儿子，女人穿得花枝招展的，就容易红杏出墙。结果，儿子结婚后从来不给老婆买好看的衣服，不买化妆品，也不让她有自己的朋友圈，更不让她有自己的事业，要女人只在家里做家务、带孩子。当然，老婆非常抱怨，非常不满，外面一有诱惑，觉得为什么要这么委屈自己，结果真的有了外遇。

如果大家有独立思考能力，从不同角度了解父母之间究竟发生了什么，不是直接地全盘接受父母的价值观，那么自己的生活是不是可以折腾得少一点呢？

3. 身份更新，一起做好成人游戏

身份上的自我认同，是更加深一层的问题。每个人都有不同的角色，没有伴侣前，我们是单身人士，这是一个身份，意味着我们仍然可以自由选择伴侣，同时，我们也是父母的子女，在父母的眼中，可能我们永远是小孩子，我们可能也这样认为，所以，回到家跟在外面自己一个人住，表现是非常不一样的。回到父母家，就好像孩子一样，很舒服，什么都有父母照顾，同时，得听他们的话，忍受他们的规矩。有了伴侣，结了婚，每个人的身份就不太一样了。确定了伴侣身份，就成为了对方的男人（女人）。结婚了，法律上就变成了别人的老公（老婆）。问题是没有这么简单，在成为对方的男人（女人）、老公（老婆）的时候，必须同时放弃一些其他身份，这就是孩子的身份，不是说你从此不是爸爸妈妈的孩子，你永远是，不管结婚与否。但是，你必须放下因孩子身份而衍生出来的孩子心态——一切依赖父母，不需要负责。成为伴侣或结婚时意味着，你要跟自己的孩子期说再见，以成年人的身份去面对你的伴侣，为自己负责，同时跟对方共同创造一段关系。如果在成为伴侣或夫妻时，这个身份转变没实现，那么后来就会出现一系

列的问题。

有那么一部分人不大愿意放弃自己孩子的身份认同，保持孩子的心态，把孩子的想法、需求、脾气投射到伴侣身上。孩子期的状态是不知道怎样表达自己需求的，会把伴侣当作父母，期望不用自己说什么，对方也明白、理解自己要什么，这很像婴儿刚出生，妈妈本能地知道孩子需要什么似的。同时，当伴侣无法理解的时候，就耍赖、哭闹，要对方哄你。或者自己要的东西没有得到的时候，就用各种方法缠着对方、恐吓对方，逼对方就范。伴侣不知该如何应付，还没生孩子，已经有位"超龄儿童"在身边把自己折磨到死去活来痛苦不堪。

这样的情形其实很危险。用孩童状态对待亲生父母，不管你做什么，他们一般都会原谅你、爱护你、安抚你，怎么都不会放弃你，而且身份关系永远变不了，不管关系多差，你们仍然是亲子关系，父母仍然是父母，孩子仍然是孩子，关系不会解体，也不可能解体。但是，作为伴侣，忍耐度就是有限的了，超越了界限或底线的话，他们是有权离开你的。作为成年人，跟孩子的区别是懂得觉察自己，理解对方，表达需求，对话妥协。

自我身份上的更新，是两性关系中最微妙，也是最常见的问题。两性关系是成年人的游戏，带着孩子的身份，是无法获得美满幸福的。

4. 本能防范，验证缘分看四"情"

两性相处，当感知到彼此相互修理带来的不舒适以后，通常每个人都以本能反应来应对、防御，这种本能反应大体包括三种，从第一种到第三种还有演进关系。第一种方式是战斗。你修理我，我对抗，要打败对方，其表现就是吵架、打架、家暴。这种防御方式背后的情绪能量是愤怒。如果打不过怎么办？打不赢就跑呗！这是第二种方式。女的回娘家，逛街暴食；男的上网泡吧找朋友。逃避、冷战，其实掩盖的是内心的恐惧。如果打不赢跑不掉怎么办？只能装死，这是第三种方式。不理会，当作不存在、没发生，让自己一笑置之，切断身体感觉，最后变得麻木。

人的身心是一致的，当你的身体产生了对抗、逃避、麻木的时候，同样在心灵上，你开始封闭自己，两人的关系必然日渐疏远。这样的情况下如果彼此分离倒也算好的了，但是依然有很多伴侣，终其一生都在这样的相处模式下互相纠缠。同一屋檐下，貌不合神更离，但就是不结束那一纸婚约，两人的问题也一辈子都不面对、不解决，让自己痛苦、了无生机到终老。更糟糕的是，父辈的这种相处模式，会给后代子女造成极大伤害，并可能延续进他们未来的生活当中。

对于每一个人来说，如何爱，爱的模式是怎样的，都是我们从各自的原生家庭、家族学习和继承得来的。也就是说，我们不仅仅从自己的父母那里获得生命，而且传承到爱，延续他们对爱的表达和传递方式，这些都会被带到我们自己的人生路上。当我们和自己的TA相遇时，这些延续自原生家庭的爱的模式会帮助我们，有的也会阻碍我们获得幸福。

家庭系统排列研究的对象是"爱"，排列工作围绕的核心是"爱"，在两性关系的范畴，同样帮助我们认识"爱"是否有共同的法则、秩序、规律。在什么状态下爱会被满足，会连接、流动？什么状态下爱会断裂，会凝固、冻结？如果过去没有得到爱的话，现在如何修复自己的创伤？想得到真爱，如何付出？如何接受？当我们失去爱的时候，如何安顿自己？如果我们了解关于爱的那些法则和规律，那么，我们就会知道如何让可能中断的爱得以转化，让已经中断的爱重新流动，让开始流动的爱更加长久，我们对于经营幸福人生，就会多一份把握。简单来这个过程就是：退出纠缠——重新满足需要——回到当下——打破惯有模式——面向未来。然后，从这一代开始改变，斩断枷锁，重新播种。

当然每个人都希望自己能在两性关系中，和自己的TA一起遵循觉悟的"爱的秩序"，按照爱的共同法则去经营婚姻，这当然是最理想的、最好的。但是，婚姻出现问题是正常的，没有问题的婚姻才真的有问题，或许还会是大事。我们要讲的不是有没有问题，而是如何共同去面对问题。

研究发现，婚姻好坏，幸福与否，可以通过四"情"来检验或者评测：

☆ 爱情：那种想见、想要在一起而欲罢不能、心跳的感觉。

☆ 激情：由心里的喜爱、愿意亲近的感受，反映到身体上，通过生理上的满足而进一步加深的情绪与情感。

婚龄长了，爱情和激情会自然下降，取而代之弥补的是感情和友情。

☆ 感情：彼此原本没有血缘关系，却因相处而更像亲人，生活里很多事情、很多时候让彼此互相牵挂、惦念。如果有了孩子，这种情感连结会更加牢靠。

☆ 友情：两个人相处日久，在各方面都有了某种类似伙伴的关系，彼此信任、理解，互相沟通、交流也更加没有障碍，或者先于与其他人。

残害夫妻关系的十二副毒药

美国著名婚姻关系专家约翰·戈特曼（John Gottman）创建了一家婚姻诊所（Marriage Clinic），在经过几十年的实践，研究了几千对夫妻如何相处、对话的录影后，他可以在观察新个案五分钟内预测到未来是否能继续或离婚。他列出了破坏两性关系的四副毒药。

第一副，指责。

凡事都是对方的错，对方能力不行、心不在家、不能履行责任，不分担痛苦、不明白自己需要、导致自己情绪不好、不爱并且不理孩子、不沟通等，基本上把自己放在了一个"抱怨者"的位置上。

第二副，辩护。

凡事都是我对，我能力强、只有我顾家、只有我负责、是我在承担痛苦、我懂TA却得不到理解、我没顾自己、自己没被满足、自己把眼泪往肚子里流、只有我才照顾孩子、我已经尽量向他倾吐但TA就是不理等，所以，我就是"受害者"。

第三副，冷战。

如果，上述两招都没有用的话，就把冲突升级，变成针锋相对或不理不睬，不回应或故意忽视对方释放的善意，冷漠、冷漠、再冷漠。

第四副，蔑视（瞧不起）对方。

还不过瘾的话，就用上更猛的一招——蔑视。通常运用的语句是：你看你，就是这个德行，就是那点能耐，怎么也扶不起来，不是我的话，你哪有今天，还不知道感恩……这副药一上，根据约翰·戈特曼的统计分析，婚姻几乎无法挽救，超过 90% 以离婚收场。这里面有个大问题，当你在蔑视一个男人或一个女人的时候，孩子会怎么样？孩子有一半属于另外一个，当你蔑视对方的时候，实际上你在蔑视孩子。所以，当我们看这段婚姻的时候，如果出现四大毒药，尤其是蔑视，足以造成两性关系的破裂。在我们处理个案的时候，如果发现两性一方不能放弃对伴侣的轻视，那他们分手基本是定局，有的连和平分手的机会几乎都没有。

不过，我在中国内地做了上万个案，发现美国人的分析结果似乎不大适用于中国人。中国人在婚姻中对伴侣做的，比上述的四大副毒药要严重得多，可是大家居然还都在忍耐着，维持着婚姻。在中国，光是上面所说这四副药的话，只能说是为两性关系投下了重磅炸弹，厉害的还不仅止于此。

第五副，经济封锁。

这是最常用到的一副毒药，只给伴侣仅仅够维持生活的费用，其他都据为己有，钱财都掌握在自己手里。当伴侣之间以经济作武器的时候，两人之间已经由伙伴关系、共生关系变成了控制与被控制的关系，两个人之间已经出现了信任危机。

第六副，把伴侣赶出房间。

把伴侣赶出房间，通常发生在生了孩子之后，这招女人用得比较多。生完孩子，首要的任务是照顾好孩子晚上睡觉。男人如果白天工作太累、晚上打呼噜或其他原因，晚上难以起来喂奶或哄孩子睡觉，女人就振振有词地让男人出去睡，她自己跟孩子一起睡。没人能说她不是一个付出的女人，只不过未来很多年，孩子都是跟母亲睡，而她的男人从此失去了他的床位。

（第五、第六副药，等于向婚姻投下了钻地炸弹，动摇了两性关系的根基。可是中国的夫妻居然还有更毒的药。）

第七副，拉孩子成为自己的同党。

当男人女人有冲突时，自己无法直接对话解决问题，甚至有可能连自己的情绪感受都没办法向对方表达，到了这种时候，男人通常会拉着孩子哀叹，女人无理取闹，不理解自己；女人会拉着孩子诉苦，告诉孩子自己多委屈，男人多不负责任。双方都希望孩子站在自己那一边，仿佛家里举行了民主选举，就能赢得家中的领导位置，让对方无法抗衡，最后投降。就算没赢，也要让对方痛苦，失去子女的支持力量。殃及无辜，这是破坏两性关系的集束炸弹。

第八副毒药，性惩罚。

一旦伴侣没能满足自己的需求，或者发生了冲突而吵架，很多时候都会出这一狠招，别碰我的身体，直到你认错、彻底低头，或者自己终于觉得报复够了以后，再看我心情吧，还不一定原谅你。要把自己的伴侣送给其他男人或女人，没有比这一招更加有效的了，因为这样做，是用男人或女人的生理本性去试炼。对方忍耐，就变成性压抑，非常不人性的惩罚；对方出轨，就是不道德，那你就可以站在道德高地继续加倍谴责TA。不管怎样，你都是胜利者，当然代价比较高昂。这招好像也是女人用得多一些，几乎毫无例外地把丈夫送到了小三手里。也有男人用这招，老婆这样表现，我情愿谁都碰，我就是不碰你，看你怎么忍，要是红杏出墙的话，好了，给我逮住，以后再别想抬起头。这是破坏两性关系的战术核武器，类似中子弹，杀人于无形。

第九副毒药，拉拢双方父母。

如果上面的毒药药效还不能令自己满意，那么可以把双方的父母都拉进来，让他们评评理，究竟谁对谁错，我这样对TA，都是因为TA之前怎样对我不好，所以我现在拥有正当的理由，对TA进行报复，只有这样才能让TA回心转意，服从我。我才是全家最高尚、付出最多、最无私的人……最好能令对方的父母对他们的孩子说："你看，都是你不对，这个老公（老婆）多难得呀，任劳任怨，含辛茹苦，都是为了你的家啊！你怎能这样没良心呢？不看在TA的面子上，总得看在孩子的面子上吧？你们分开了，对孩子多不好。反正开心不开心，很快就一辈子了吗！如果你要分开的话，就别认我这个爹（娘）！"用内疚折磨TA，怎样做都纠结。这是破坏两性关系的生化武器，让你求生不得，求死不能。

第十副毒药，恐吓。

男人恐吓的表达方式很多时候是肢体暴力，女人恐吓的表达方式很多时候是语言暴力。当说也说不动，表达也表达不清楚，情绪大幅波动，对方无法顺从自己的意思时，男人经常动手，把本来属于保护女人的力量用来控制女人，让她们害怕，至少表面服从自己；女人呢，体力上比不过男人，很多时候会说出一些非常伤人的话，有的时候甚至连带上孩子。当这样表达的时候，双方几乎已经不给对方留有余地，最好没有连锁反应的引子，或者双方觉察到过火，能及时收手，不然裂变的破坏性很难预测。

第十一副毒药，破坏对方社会关系。

这一招好像是中国的独门武功。如果伴侣对不起自己，例如有第三者的话，"家丑不外扬"好像不再是古训了，有的人会找上对方的机关、公司、企业，甚至是对方的乡亲父老，向伴侣的上司、老板、领导、同乡等"讨回公道"，让对方觉得没了你，连前途都堪忧，还要被自己身边最亲的人看不起，被自己的生活圈子所排挤。原来有了伴侣或结了婚，其实是已经赌上自己的前途和社会关系，牵涉到自己是否能在社会上立足的问题，惊心动魄啊！

第十、第十一副毒药，已经属于两性关系中的战略核武器，要么相互威吓，要么相互毁灭，万万想不到，随着传播技术的进步，还有杀伤力更大的。

第十二副毒药，互联网传播。

这基本上是反物质武器，可以让一切归零。

第四节 / 两性关系案例

以下对案例正文做统一的说明：

1. 文字中，凡加"【 】"的人物，均为角色代表。
2. 没有特殊说明的，【自己】通常表示案主个人。
3. 所有角色称谓均表现与案主之间的关系，如【父亲】表示案主爸爸的代表，【母亲】指案主妈妈的代表，【孩子】指案主孩子的代表，【堕胎】指案主自己的堕胎孩子。
4. 所有示意图表中，圆形代表女性角色，方形代表男性角色。
5. 角色图形中，三角形顶角所指，表示角色面朝方向。

你的心灵空间给伴侣腾出位置了吗？

案主：一位40多岁的女性。希望能有一段更好的婚姻。

访谈

案主： 我离婚3年多。父亲去世了，我和母亲有很多矛盾。

明昱导师： 你坐在这里，感觉你整个人是僵的。直觉让我要问一句你还活着吗？（观察到案主在尽力忍住眼泪）允许情绪出来。

案主：我觉得挺压抑的（悲伤抽泣）。

明昱导师：我的问题是，你现在心里能不能有个位置给出来，让另一位男性进去？我的直觉是，你的心灵空间被以前的某种东西霸占着。你放你爸爸走了吗？

案主：不知道。

明昱导师：如果你要开始一段新关系，第一，你要先放父亲走；第二，你要放前夫走。看你的样子，似乎对前夫没有忘情。

案主：我心里被许多事情堵住了。

明昱导师：我们来看看，看看你和新的男性的关系，看看有什么阻碍你走近新的男性，看看你内心是否对新的男性敞开了。

排列呈现

（引入【自己】、【新男友的机会】）

案主把【自己】和【新男友的机会】拉到一起，【自己】感觉心慌。两人分开一些距离，【自己】的眼睛看着别处。

（引入【前夫】、【爸爸】）

【自己】头部发涨，有点情绪。

明昱导师对【自己】说：允许自己的情绪出来。

随即，【自己】的身体和手开始有点抖动。

明昱导师引导【自己】对【爸爸】说：爸爸我想你。

【自己】无法说出口，走到【爸爸】面前，开始哭泣。

明昱导师对案主说：你心灵没放下你爸爸，所以是心里有想法，但放不下爸爸。

引导【自己】试着说：爸爸，我来陪你。【自己】说出了口。

明昱导师对案主说：所以你要找到新的男朋友，要先活过来，得跟爸爸说再见。

明昱导师用一条围巾当做"生死界限"，放在【自己】和【爸爸】之间（地上），示意这是生与死的两个世界。

【自己】哭泣不止。

明昱导师引导【自己】说：爸爸，你走了，这是事实；我活着，这也是事实。我还要在这个世界上再活一阵子，因为我的时间还没到。当我的时间也到了，我们再见！同时，如果我允许自己接受幸福的话，请你祝福我！

（场面呈现）【自己】感觉放松了，【爸爸】也感觉放松了。

明昱导师继续引导【自己】说：爸爸，你放心吧，我要嫁就会嫁一个更好的。

引导【自己】给【爸爸】鞠了个躬。

（以下处理案主代表和前夫、新男友的关系）

明昱导师引导【自己】对【前夫】说：难为你了，其实，我也没忘掉你。

【自己】上前紧紧拥抱住【前夫】。

明昱导师让案主看这个画面，让案主记住此刻【自己】脸上的这个笑容。

随后再将【自己】带到【新男友的机会】面前，【自己】和【新男友的机会】感觉都很好。

明昱导师对案主说：给幸福一个机会吧！

个案结束。

系统洞见

案主心灵在伴侣的空间填充的是逝去的父亲，不能放下，无法腾出空间给另一位伴侣。

我们每个人都有心灵空间，有的时候心灵空间的各个房间里放进去的人不对了，比如伴侣的空间里不是丈夫（妻子），而是被其他成员占据了，本来不是他该在的位置被他占据，那么该在位的人就无法进入。这种错位的情况，通常让人无法过正常的生活，享受不到应该享受的幸福。

学会自我觉察，将位置还给该在位的人，才能支持两性关系。

接受爸爸，才能接受男友

案主：30岁的女士。寻找未来的男友。

访谈

案主：我想看看和父母的关系，还有未来的亲密关系。

明昱导师：已经出现对象了？

案主：还没有，想看看未来会出现的。

明昱导师：你曾有过两性关系吗？

案主：有过。但是后来没在一个地方，于是分开了。

明昱导师：你没跟过去？那有点麻烦。暂时来说，我们观察的现是如果男人在外地有个很好的工作机会，那女人跟过去会比较好一点。反过来就比较麻烦。这是在男性主导的社会下的一种现象。你现在有一个心仪的对象了吗？

案主：没有。

明昱导师：那你接受男性在你身边出现吗？

案主：可以。

明昱导师：哦，我们不是看相的，算不出你什么时候能交桃花运。我们只能帮你做好心理上的准备，可以接受男性的心理准备。

案主：我可以接受，只是……有些出现的，不是我喜欢的。有些我喜欢，但……

明昱导师：那哪些男人你可能喜欢？

案主：比我强的。

明昱导师：你是干什么的？

案主：社会治安综合治理。

明昱导师：你需要一个比较强的男人，指哪方面呢？

案主：各方面。

明昱导师：那比较难哦！男人在语言方面一般都比较差一点儿，比起女人要笨嘴拙舌一点儿。还有，社交能力也不会强过你，女人对各种关系的把握度很强。大部分女人的智慧一般比男人要高，从小学开始就是。

案主：那他可以幽默一些。

明昱导师：这？算吧。但幽默和恶搞也差不多。好吧，这点男人可能比女人强一点。

案主：还有，要有自己的理想。

明昱导师：有理想？那种人很少。

老实说，你要求的东西——男人各方面比女人强，这和现实不符，比较难出现。一百年前，男人比女人各方面都要强，那倒是事实。但现在已经是一百年后了。现在的社会更需要语言沟通、人际关系方面的高手，还有智能型的人。而这些，女性占优势。所以，如果你还是以这样的要求去找的话，可能真的很难。除非你不工作，可能比较有机会找到比你强的男人。如果你去观察一下会发现，现在女性在工作上花的时间要比男性多，很多机构除了最上层的领导位置，中层职位几乎都被女性占了。所以，我希望你放弃这些表面条件，而是去看些别的条件。

当然，女人要挑一个男人比自己强，内在是有些深层需要的。至少因为女性有怀孕、生育的责任，在那段时期，她需要一个强有力的保护。但是，现在时代不同了，男人在智慧、财富方面并不比女人更有优势。所以，你得再看看，他吸引你的点在哪里。

案主：我说的意思是——有些地方，比如才能，我没有，他有。

明昱导师：那是"互补"。我想问问，你父母的关系如何？如果孩子挑伴侣有问题的话，要问问他父母是怎样结婚的。通常，在子女长大后，父母会就此给孩子些建议。

案主：他们是经人介绍的，并不是自由恋爱结婚。他们也没有给过我什么建议。

明昱导师：他们不是自由恋爱的，是被硬塞在一起的？这样的话，她是学不到男女之间真正的吸引力在哪里的。你跟父母关系怎么样？

案主：跟他们两个人都比较"远"。

明昱导师：这是常见的。你说还想解决跟父母的关系问题，什么问题呢？

案主：我经常在外工作，想看看如何改善跟他们的交流。

明昱导师：在你记忆中，有没有被妈妈抱过？

案主：没有。

明昱导师：爸爸呢？

案主：也没有。

明昱导师：这是最关键的一个问题。在两性关系中，你得允许别人抱你。很多人，不容易抱人，也不容易被别人抱。你小时候，父母把你送走了吗？或者把你送到别人家住过？

案主：没有，小时候爸爸去外地工作过。我妈妈在我3岁时去世了，我印象不深。

明昱导师：所以，这可以解释所有事情了。3岁后你跟谁一起生活呢？

案主：爷爷奶奶。

明昱导师：我们做个实验，我的手慢慢靠过来，你看自己的身体反应，到什么时候喊停你决定。

明昱导师与案主，相距约1米的距离，并排而坐。明昱导师举起自己的右手，慢慢向案主靠近，在距离案主20厘米左右时，案主笑了，眼光回避，于是明昱导师停下。

明昱导师又尝试了一次，虽然老师的手搭在了案主身上，但在手靠近的过程中，案主的笑容发生凝固，手臂出现僵硬。

明昱导师：如果现在要帮你，得让你记起小时候被妈妈抱的感觉。那种感觉，可能被你的大脑给屏蔽掉了。现在我们用排列来看一看吧！

排列呈现

（引入【自己】和【未来男友】）

（场面呈现）【自己】先是与【未来男友】正面相对，【自己】主动向前接近【未来男友】，但到了一定距离后就会避开。只要【未来男友】上前欲与【自己】靠近，【自己】就躲避开，两人就这样转悠了一阵。最后【自己】站定，与【未来男友】保持一定距离。【未来男友】看着【自己】，但【自己】并不看【未来男友】。

明昱导师几次试着推【自己】与【未来男友】靠近，【自己】都表示无法接近【未来男友】。

【自己】说感受：当我觉得这是机会的瞬间，心里很激动，想接近他。但一接近过去，我就有恐惧感，想退开。

明昱导师：所以，有时我们得先回到原点，如何开始的，如何结束。

（引入案主的【父亲】、【母亲】）

（场面呈现）【自己】先走向【母亲】，徘徊一阵后，最终站在了【父亲】、【母亲】中间，与【母亲】站得更近。【自己】和【母亲】都面朝【未来男友】，而且【母亲】的手抱着【自己】。【父亲】离得稍远，他面朝【自己】，想接近女儿，可是女儿（【自己】）却抗拒【父亲】接近。

明昱导师指着【父亲】对案主说：那是你第一个抗拒的男性。

明昱导师引导【自己】转身看着【母亲】：妈妈，我很害怕你离开，我需要你!

说完，【自己】和【母亲】紧紧相拥在一起。

明昱导师对案主：那是3岁孩子想说，却说不出的话。你可以看见你很需要的!

案主表情带着凝重，明昱导师继续对案主：你本来不畏惧拥抱的，可那时有些连结被切断了。而此时，你长大了!

明昱导师走向【自己】，引导【自己】转身面向【父亲】：爸爸，其实我一样需要你!

【自己】并没有照说，而是说：也许我需要你。

明昱导师引导【自己】接着说：你太远，一直都没有回家。

【父亲】表示想走过去，但做不到。

明昱导师引导【父亲】：其实，我不愿想起你妈妈。见到你就好像见到她一样。

【父亲】说完这句话，开始抽泣起来。

明昱导师引导【父亲】对【自己】：其实我很想你！

【自己】回应【父亲】：其实你也挺可怜的。

明昱导师轻轻拉了一下【自己】，让【自己】靠近【父亲】。【自己】接受了【父亲】的环抱，并轻拍【父亲】，但两个人的身体之间还是有40厘米左右的距离。

明昱导师引导【自己】对【父亲】："其实我很想你陪我玩。"说完，【自己】将【父亲】的一只手从自己腰上拿下来，带点娇嗔地拉着【父亲】的手。

明昱导师引导【自己】对【父亲】继续说：另一方面，我很生气，你这么久都不来看我！

明昱导师转身面对案主说：你知不知道，爸爸有个动作，能让女儿立刻笑起来？

接着，明昱导师让【父亲】把【自己】举了起来。之后，【自己】和【父亲】紧密相拥。

明昱导师引导案主与【母亲】拥抱。案主开始哭泣。

明昱导师引导案主对【母亲】：妈妈，其实我很想你！现在你可以放心了，我长大了。你给了我生命，我已经好好地活下来了。如果现在，我能找到自己幸福的话，请你祝福我！

说完，案主再次哭泣，与【母亲】紧紧相拥。

之后，明昱导师拉着【自己】，面对【未来男友】，【自己】走向【未来男友】，挽住他的手。

明昱导师让案主看着这个图景，引导案主对【父亲】：爸爸，我很生气，你不理我!

案主哭了出来,继续说:你不理我,我也不想理你!

明昱导师拉着案主走近【父亲】,让【父亲】举起案主。案主笑了,但还是昂着头,不理【父亲】。

在【父亲】放下案主后,明昱导师用故意撒娇的语气,引导案主对【父亲】说:其实,我需要你……我生你气……我不理你……

但是,案主很顽皮地抗拒,这些话都不肯说。

明昱导师继续引导案主说:爸爸,我生你气,我永远都不原谅你。这辈子、下辈子都不原谅你。到了最后,你还是要加倍做我的老爸。我一边生气,一边撒娇……案主本人没有说这些话,却笑了起来。

案主撒娇地笑着对【父亲】:我永远无法原谅你!

【父亲】表达感受:我很想抱她(指案主)。

案主双手叉腰,但同时却让【父亲】抱着自己。

【父亲】表示:感觉松了口气。

明昱导师又引导案主对【未来男友】:第一个是我爸,下一个是你!

说完,案主与【未来男友】紧紧相拥。

个案结束。

系统洞见

所有男女关系或情感关系的学习,基础都在很小的时候跟父母身体的亲密接触。如果从小缺乏亲密的依恋关系,那长大后遇到异性,要么是无法接近,要么是一边想接近,一边又抗拒,产生又爱又恨的情绪。

要判断你是否喜欢或接纳一个异性,你可以看看,在接近他时,你的身体是否很舒服,或者你能否接受对方身上的气味。

只能接受做老公的男人

案主：20多岁女士。希望和男友和谐相处。

访谈

案主：我有个男朋友，想看看我们之间的关系。

明昱导师：那就直接排一下。

排列呈现

（引入【自己】、【男友】）

【自己】、【男友】手拉手在一起。

明昱导师：幸福来得太容易了，不大习惯？

【男友】：很爽。

案主：我和他认识快十年了，同学关系，我是他的教练。我原来有婚姻，后来我爱人去世了，那个时候我们没有相爱。现在我们相爱了，但问题是，他在婚姻中。

明昱导师：如果像排出来的这个样子的话，很明显你们是一对。

案主：我有两种感觉，心里有喜悦，脑袋在哭泣。我是拒绝不了他，他天天来我公司。

明昱导师：是啊，看场上代表的表现是拒绝不了的。

（引入【男友太太】）

【男友太太】一上来，就直接去推开【自己】，很气愤地：我很生气！我想让他们分手！

案主：是有困难，我是一种拒绝的外表，但是心是喜欢他的。

明昱导师：看这个场面的话，问题是在他身上。

【自己】跟随明昱导师，对着【男友】：这个事情你得处理，你要去负责，不管是不是跟我在一起，你得做决定。

【男友太太】自发地对【男友】：你打算怎么做？

【男友】：我喜欢她（指【自己】）。

【男友太太】：我会整死你！

明昱导师对案主：你得把这个事情交给他去处理。

【自己】跟随明昱导师，对着【男友】：虽然我喜欢你，但得等你处理好你的家事再说，这是我的底线。

明昱导师对案主：所以你得拒绝，你得保持界限。

明昱导师在场域里放一条界限。

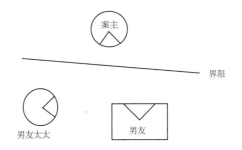

【自己】跟随明昱导师，对【男友】：你先处理好家事再说，你必须处理好！你得选择，我要的男人是可以自己负责任的。

明昱导师对案主：你自己也要重新审视你们的关系。

明昱导师询问【自己】：说完后感觉怎样？

【自己】：好点，但我挺害怕她（指【男友太太】）的。

明昱导师：当然，是这个做男朋友的，没有担起做男人的责任。

【自己】跟随明昱导师，对【男友】：在你没有处理好之前，我不会跟你在一起，不管有多伤心。这是我的界限！

【男友】自发地：她（指【自己】）很优秀，对我有吸引力。我只想要情人。

【男友】对着【男友太太】：我要老婆，也要情人。

【自己】自发地：我只能接受做我老公的男人！

【男友】：好像我想撤退，我想撤退。

明昱导师对案主：你的心，边界还没弄清。要先搞清界限！

个案结束。

系统洞见

两性关系中清楚自己在关系中的界限很关键。自己要先搞清楚自己想要的对象是一夜情、性伴侣、短期男友，还是有可能成为终身伴侣的人。自己不清晰的话，发出的信号也不清晰，容易造成亲密关系中的混乱情况。

告别离世亲人，才有美满未来

案主：40多岁女士。父亲去世，要带着妈妈出嫁，关系怎么处理？

访谈

案主：15年前我爸突然去世的时候，我老公出现了，我的条件是可以带着我妈住过去，一起嫁给他。我和老公出现过6年分居，3年想离婚。不过，现在越来越好。

明昱导师：你娶了个爸爸回家，你要带着妈妈嫁给他！你们不离婚？哪有一个男人可以做成这样子的？把责任交给完全不相干的人，照顾你妈妈是你跟你妹妹的责任，跟你丈夫没多大关系。

案主：这些都是我的错。我觉得他特别不容易。现在我女儿11岁多，一直是我们4个人一起生活。女儿一直不愿意自己睡。

明昱导师：你女儿很懂事，她怕你或你妈妈走。

案主：这几年我觉得很难跟我妈妈亲近。去年给她买了个房子，现在她希望可以自己过，可是我不舍得。

明昱导师：你妈妈做了个正确的决定，是你不肯放手。

案主：我们想去台湾玩，和丈夫商量的时候我突然冒出一句：要不要带上我妈？

明昱导师：你在主动破坏你跟丈夫的关系。第一个开始已经错误了，你还想错上加错！

案主：都是我的错！

明昱导师：你妈妈已经觉察到你的问题了，所以要成全你们，要搬走。

案主：是。

明昱导师：你妈妈是明白人，如果这婚姻垮台完全是你的责任。

案主：是。

明昱导师：只有一句话，趁你还有机会，好好爱你老公吧！这样的男人走了的话，很难说能有下一个也能像他一样做这么多。

案主：是，他爱我多过我爱他。

明昱导师：所以他就是个工具和替代品，你爸爸的替代品。

案主：是。我也说不清楚，我爸突然去世，他就突然出现了！

明昱导师：没想过什么样的呆男人会答应这样的条件，想想都汗毛炸起。还有这样的事——要连妈一起嫁过来！

案主：我妈也哭，说这么多年一直在我们俩之间，很为难。

明昱导师：你把他当爸爸，还是当老公？

案主：现在越来越爱他了，他到底是爸爸还是老公，我真的有点儿恍惚。

明昱导师：肯定是爸爸了！你有没有跟爸爸告别啊？在世界上到处在找爸爸的替代品。这个男人在家里要照顾两个女人，又是老公又是爸爸。

案主：还有我女儿。

明昱导师：从你的话里，你已经把你老公跟你们对立起来了。你老公要是来了，一定得给他个大奖，照顾老中青三代！

排列呈现

（引入【自己】、【老公】、【妈妈】、【女儿】）

【女儿】乱忙。

【自己】不看丈夫。

明昱导师：你眼中根本没有老公！他就是你家的佣人。

（加入【爸爸】）

【自己】和【妈妈】都拽住爸爸。

明昱导师：这是你女儿为什么想跟你睡、和你妈妈睡的原因，你们两个（指【自己】和【妈妈】）都想跟你爸爸走。

【丈夫】：我感觉关注【妈妈】更多些。

【女儿】：想看着姥姥和妈妈，想让他们过来。

（加入【生与死的界限】）

【妈妈】和【自己】都不到生的那边去，感到头晕。

明昱导师对案主：你和你妈妈的心都已经跟你爸爸走了。如果想不晕，只有一个办法，自己走到那边（生）去。

【自己】不想动。

【爸爸】：你们走吧，可烦了！死了都不让人安生！

【自己】和【妈妈】都陪【爸爸】坐下来。

【女儿】过界拉【妈妈】。

明昱导师对案主：这就是为什么你女儿要跟你和你妈妈睡觉，你明白了吗？

【妈妈】过界后坐在地上。

明昱导师：救你的不是我，是你女儿。你们家里过去15年有个守护天使，就是这个男人，你们都不看，不感激。

【自己】：他太完美了，给我很大压力。

（加入【小三】【小四】）

【妈妈】站（蹲）起来了。

（加入【小五】）

明昱导师：你肯抱老公了吗？

【自己】：不肯。

（继续加入【小六】）

【老公】转身抱住【自己】背对外面的诱惑。

明昱导师：你要好好地帮老公找几个小三才会抱老公吗？同时建议妈妈找个老伴吧。

案主：我明白了。

个案结束。

系统洞见

要求老公或老婆照顾自己的父母，这一直是一个非常有趣的想法。中国社会中这样的情形一直存在，报纸、电视等媒体还经常大力赞许这样的情形，然而，这对两性关系具有巨大的冲击力。婚姻是为了找人照顾自己的父母而缔结的吗？

每个人都有自己的父母，自己照顾自己的父母是最自然的事，对方没有天然的责任义务去照顾伴侣的家庭。如果你的伴侣主动去照顾你的父母，那么你应该加倍敬重及感恩对方，因为你的伴侣承担起了本来不属于自己的责任。在照顾父母的问题上，每个人对自己的父母有着天然的责任，伴侣应该做的只是提供必要的支持和协助。

长大做女人，才有真老公

案主：30多岁的女性。希望改善婆媳关系。

访谈

案主：我结婚5年了，跟我婆婆关系有问题。我和老公是中学同学，大学开始谈的恋爱。当同学的时候，我对我婆婆感觉很好；谈恋爱以后，我才发现我婆婆不喜欢我，反对我们结婚。临结婚之前，我很恐惧，不想结，但是大人们都已经大操大办了，最后只好结了。结婚以后不久就有了小孩，完全是在计划之外。

明昱导师：有小孩都是没计划的。生育是不能计划的，节育才可以计划。

案主：反正我有了小孩，痛苦就开始了，我很委屈，因为我老公不怎么照顾我，他妈跟他说，生小孩是女人的事，是你老婆跟你丈母娘的事，你不要插手，你吃好睡好工作好就行了。我老公就听他妈妈的，我就很压抑。

明昱导师：你接受你老公吗？

案主：我不能接受他老听他妈妈的，我觉得他这个儿子没做好。

明昱导师：你讲了这一大篇故事，听起来背后就一句话，似乎你在和你婆婆争夺老公这个人。

案主：这个我知道。

明昱导师：我有一个问题直接问你，为什么你跟你丈夫结婚？

案主：因为我们谈恋爱了。我比较传统，我认为谈恋爱就要结婚的。

明昱导师：谈恋爱就要结婚？他有什么地方吸引你呢？

案主：同学嘛，比较谈得来。他人好，比较善良。

明昱导师（调侃地）：这屋子里（指工作坊现场）的男士都很善良，除了我，我是个发现你们病症还要"修理"你们的"恶魔"（笑）。我有个问题，你跟父母的关系怎么样？

案主： 我爸爸非常爱我。我跟妈妈没有那么亲近。

明昱导师： 到现在为止，如果你不介意的话，我说出自己感觉。我听到的是一个怨妇在说自己的故事。我很怀疑，排列的结果可能跟你刚才说的对不上号。你说的就是老公没长大，啥事都听他妈妈的，导致你跟他妈妈有矛盾。剧情比较老土。我再直接问一个问题，你们有没有堕胎的孩子？

案主： 有。（情绪开始激动）是在小孩一岁多的时候，我老公是军人。

明昱导师： 你老公是军人？

案主： 对，他经常不在家。

明昱导师： 如果你要跟一个军人结婚的话，你就要接受他不能天天陪着你。如果你爱他的话，你要接受，这就是他的命运。

排列呈现

（引入【自己】、【丈夫】和【婆婆】）

【丈夫】和妻子（【自己】）站在一起，远离母亲（【婆婆】）。

明昱导师对案主：他在你的控制范围之内啊！

案主：（笑）

（引入案主的【父亲】）

【自己】的目光开始注视【父亲】，【自己】走向【父亲】。【丈夫】看到妻子（【自己】）走开之后，也走向自己的妈妈（【婆婆】），跟妈妈站在一起。

明昱导师对案主：你说他离不开妈妈，其实你也离不开爸爸。你们两个都没长大，所以他妈妈不喜欢你，很正常啊！你的心还跟你爸爸在一起。

（引入案主的【女儿】）

【女儿】在四个人之间站着，不知道何去何从。【丈夫】对【女儿】没有太大感觉，【自己】看着【女儿】，觉得有一股力量吸引着，但同时【自己】又不想离开爸爸（【父亲】）。

【父亲】指着【自己】：我觉得她还是我的小女儿，不是别人的老婆。

明昱导师：噢，原来完整的真相是这样的！通常我们眼睛看到的故事，是对面的故事（指【丈夫】和【婆婆】的排列呈现），自己这一面的故事（【自己】和【父亲】的排列呈现）是看不到的。

（引入【公公】（丈夫的爸爸）和案主的【母亲】）

【丈夫】和自己的父母（【公公】和【婆婆】）站在了一起，【自己】和自己的父母（【父亲】、【母亲】）站在了一起。【女儿】站在这些人中间，不知道往哪边走。

【自己】：我看到【女儿】一个人，特别想走到她身边去。

明昱导师问【丈夫】：你想走过去吗？

【丈夫】：不想。

明昱导师引导【自己】对【父亲】和【母亲】：爸爸妈妈，其实我已经长大了。现在，我可以让自己做一个成熟的女人，为自己负责。

得到【父亲】和【母亲】的支持后，明昱导师引导【自己】对【丈夫】：我不再做小孩了，现在我是你的女人。

【丈夫】听到这句话，开始向妻子（【自己】）靠近。【女儿】也觉得轻松了。

明昱导师对案主：明白吗？你的故事很长，答案却很简单——你先真正长大做女人，然后他才能真正做你的丈夫！

个案结束。

系统洞见

爱或爱的方式这个事情，经常不是用"科学"可以定义的。两性关系要和谐，说到底就是，男人要做男人，女人要做女人。家庭系统排列认为，男与女真正持久地在一起，不是通过一见钟情，而是"二"见钟情的结果。两个人刚认识就感觉不错，这是一见钟情。从思维和惯性上看，几乎无一例外地，人们在寻找伴侣的过程中通常会表现为，男性找妈妈，女性找爸爸；看到理想的"爸爸""妈妈"，一下子扑过去。问题是，两性关系要持久，仅有一见钟情就够了吗？事实是，通常，当我们看清楚对方不是爸爸（妈妈），只是一个普通的男人（女人），别扭就开始了！双方都愿意成长，能以成人对成人的状态相处，互相经历再认识的过程，把一见钟情里的投射、移情全部去掉，之后能够携手共度，这才达到两性关系中最稳定的状态。这个时候，就是"二见钟情"了。

小孩的状态，有时可以保留

案主：40多岁的女士。诉求是自我成长并调整和丈夫的关系。

访谈

案主： 我希望自己能成为一个生理年龄和心理年龄一样的女人。我老觉得自己的心理是个小女孩儿，现在我希望成为一个成熟的女人。

明昱导师： 你可以在心里有一个小孩的状态，不需要失去"她"。

案主： （笑）要是我的心理状态是25岁，我也高兴，可我觉得自己只有13岁。

明昱导师： 你是做小学教育的吧？所以你呈现13岁的样子是对的。这是职业需要，你得和孩子们拉近距离。

案主： 可我同时也是个妻子。

明昱导师： 可以分清楚两个身份和各自对应的心理年龄。在你面对学校里的学生时，13岁；面对丈夫，30岁；面对自己的孩子，43岁。你跟学校的孩子玩在一起，他们才会认同你，不然他们会认为你是个老巫婆。

案主： 可我觉得我没有13岁孩子的天真活泼，却有13岁的无助感。

明昱导师： 13岁孩子不是无助，而是有力无处发。不过，现在的问题，倒是应该看看你和丈夫的关系。因为如果你丈夫总是面对一个13岁的你的话，那他就有两个孩子了。

案主：是的，我想看看。我家现在还有一个18岁的儿子。我觉得自己对丈夫照顾不够。

明昱导师：其实，男人不太想女人照顾的。你大概又搞错了一些东西，你觉得女人应该是什么样子，而男人又应该是什么样子的呢？

案主：我以前觉得，男人应该保护女人。比如，男人和女人一起出门，开车的应该是男人，女人在边上坐着陪他。所以，我家一直以来都是他开车。

明昱导师：这很好啊。有什么问题呢？

案主：是这样的。原来我做什么事，都会跟老公说一下，他同意我再做。现在，我觉得如果老这样，那我在哪里呢？而且，他也不是每件事都能教我了，很多事情我得自己拿主意。

明昱导师：想反抗了？哦，青春期到了？（笑）那你希望达到什么目标呢？

案主：我希望家里三个人都能既相互独立，又彼此尊重。

明昱导师：独立意味着什么呢？

案主：独立意味着我能面对更多东西。比如，今天我到这儿来，我老公并不知道。他不知道我具体干什么，只知道这是学校安排的很重要的一次培训，我必须得去。我有种偷偷跑出来的感觉。（笑）

明昱导师：你从小到大和父母关系怎样？

案主：我从小就是乖女儿。我父亲在我13岁左右去世。我去年参加过一次排列，那位老师帮我处理了积压在我心底的悲伤，我受益非常大。当时我说了，我要告别父亲，过我自己的生活。

明昱导师：哦，怪不得你现在想要独立了。如果你想成功，有个条件，就是得让老公不再当爸爸。如果他真的放下了，不当你爸爸了，你能满意吗？

案主：所以我要成长。这样，他才能放心地放下。

明昱导师：不过，你的"青春期"似乎还不够长。通常，青春期有6年呢！能不能具体说说你和丈夫的关系？

案主：我原来很少反抗他，至少行动上很少反抗。但我照他说的做了，心里又很压抑，这样下去怎么行呢？况且，我是个小学校长，他不可能时时处处来指导我的一切，我得自己处理很多事情。可是，我要是真的独立，他会放心不下的。

还有，我总担心我儿子，担心儿子有些地方像我老公。有时我觉得老公很强，什么事照他说的做就行；有时我又觉得老公很弱，照他那样做不行。现在我担心儿子像他爸弱的地方。想想，当年我妈妈曾反对我嫁给她，我妈担心我老公个子那么矮，将来孩子也矮。但我不听她的，我觉得我老公很聪明，他像我爸爸一样，顾家、勤劳、正直、善良，个子矮又怎么样？现在儿子确实个子也挺矮，但他也很聪明（笑）。

明昱导师：（笑）我觉得你就是来晒幸福的，我们排列一下，看看状况吧。

排列呈现

（引入【自己】、【丈夫】、【儿子】）

（场面呈现）【自己】和【丈夫】相对而立；【儿子】在旁，两手分别拉着父母（【自己】和【丈夫】），把父母拉在一起。三人彼此站得较为接近。

【自己】表达感受：我幸福得不知所措。

【丈夫】表达感受：我更关注儿子（【儿子】）一些。

明昱导师引导【自己】对【丈夫】：你又要做我爸爸，又要做我老公。其实，你是我丈夫。

【丈夫】移动，和【儿子】交换了位置。【儿子】拉着父亲。

明昱导师继续引导【自己】对【丈夫】：曾经我以为，我找到了另一个爸爸，其实你是我老公。我做你女儿太久了，现在还没学到怎么做女人。给我点时间，学做你的女人。

【丈夫】回应：我还是和儿子先待一会儿吧。

明昱导师又引导【自己】：其实，不管我当你是谁，你给了我幸福，让我幸福得不知所措。让我们继续幸福吧！以前，我们过得很幸福，让我们以后也同样幸福吧！现在，你不用再那么累心了，你只用做我丈夫就行了。

明昱导师将【自己】轻轻拉到【丈夫】的身边：现在，我做你的女人。

【自己】和【丈夫】紧密站立，场面温馨。

个案结束。

系统洞见

生活中每一个人都是多面体，扮演着各种不同的角色，随时可能切换。两性交往中，我们作为为人父（母）、为人夫（妻）、为人子（女）的角色，也经常会交替出现；而有的时候，适时地、恰当地扮演对方正需要的状态，还能成为一种带有浪漫色彩的相处方式。问题不是角色本身有无对错，而是出现的时机、场合、分寸与需求是否合拍。

我们每个人内心里都有着孩童时期的自己，这种状态的存在，不一定都是坏事。国外曾有个实验，请一批六十多岁的老人到山上某个地方，分成两组。两组都被安排住在充满了他们年轻时代装饰和流行元素的房间。但是，实验者告诉第一组实验对象说：这是你们的过去；告诉第二组实验对象说：你们现在就是这样，你们回到了过去！结果实验结束时发现，第一组对象出来时状态不好；第二组对象出来时，个个像是回到了25岁的样子。

当和一个躯壳结了婚

案主：结婚多年的女性。处理纠结多年的情感问题。

访谈

案主： 自从结婚之后，我就不在婚姻里面，我不想结婚，刚结婚就想离婚。但对方不想离婚，而我似乎也觉得结婚、有家庭是有意义的，起码对孩子有意义。2002年开始，生活一团糟，前男友因为出国就分开了。2006年生完孩子，是一个女孩。2007年基本考虑和丈夫离婚。2008年遇到另一个人。

明昱导师： 现在想让我帮助你做什么？

案主：我不想跟丈夫在一起。

明昱导师：如果你没有把自己看成是一个成年人的话，这个问题是没法解决的。尤其学了心理学之后，开始会借一些名词来发挥。你的话里面听不到的一个意思是，你愿意为之前做的决定负责，同时为现在的结果负责。

案主：当时是一个错误。

明昱导师：这不是一个借口。每个人进入任何一段伴侣关系，就已经开始了一份责任，婚姻是有承诺的。

案主：一开始我有承诺，一年后他和其他人有染，每次吵架都提离婚。

明昱导师：你们两个半斤八两，他是和一个躯壳结了婚，很恐怖的。至于你，要么让自己的灵魂回来，要么和另一个躯壳结婚。通常一个女人一生想离婚200次，想掐死对方50次，但是男人提出离婚很少。我现在能怎么帮你？

案主：我心里最想要的是，所有的一切重新开始。

明昱导师：重新不了，已经发生的就发生了。我给你一切了，身体给你了，也给你生孩子，不过我不爱你，男人会怎么想？这是一个巨大的侮辱，是一个巨大的伤害。如果换做是你，你会怎样？

案主：那我肯定不会跟他在一起的。

明昱导师：但你已经这样做了。如果你现在不学习到这个过程，其实是带着内疚在向前走，估计下一段关系还是会这样。所以我这一刻可以帮你做的是，你在心里面先承认他的地位，不管你爱不爱他，但是他是你的男人，因为你们有孩子，这就是家庭系统排列里面系统成立的明证。只有承认，这样，后面才有可能会有一段比较好的关系。

案主：我恨他（指前男友）！（开始哭泣）其实我能恨他已经很不错，以前恨都恨不起来。

明昱导师：恨得不够，再加60年！我现在有点同情你丈夫。

案主：我也同情他。

明昱导师：你同情和我同情是不一样的。如果没有他，你会活在仇恨的地狱里，至少他让你活在人间。现在你要解决的问题是要不要离婚,然后你可以去寻找你爱的人。不过,你还在恨你之前的男友,这是有点麻烦的。

案主:我丈夫现在这样,我觉得已经可以了。

明昱导师:如果你确定可以,你会怎么样?

(案主脸上出现疑惑的表情)

明昱导师:你和父亲关系怎样?

案主:我以前恨我爸爸!

明昱导师:爸爸还在吗?现在还恨他吗?

案主:还在,关系好一点儿了,但还不融洽。

明昱导师:和妈妈关系呢?

案主:以前不好,纠缠太深。妈妈当时想离婚,可是觉得还是忍忍吧,等孩子大一点儿再说。

明昱导师:我建议我们先来排列一下你的心在哪里吧。我听了你所说的,感觉你一直被以前的仇恨牵着,和自己父母、和前男友、和老公,几段关系一个模式,你都是受害者,受害者心态很明显。而你的心跑到哪里去了,这是问题所在。究竟你的心在找谁?究竟哪段关系是你看重的,或者是更深的一个?哪一个男人是你尊重的?

排列呈现

(引入【自己】、【丈夫】)

(场面呈现)【丈夫】很关注【自己】,但是始终保持一段距离,走不近。

引入【现在喜欢的男士】、【喜欢的男士的太太】

(场面呈现)【自己】远离【现在喜欢的男士】。【现在喜欢的男士】、【喜欢的男士的太太】在一起,且两人感觉都很好。

(引入【前男友】、【女儿】)

【自己】更靠近【丈夫】。

明昱导师引导【自己】看着【丈夫】：你是乘虚而入的，我不服，我没有那样爱过你。是时候了，我们分开吧。

（引入【外面所有男人的可能性】）

（场面呈现）【自己】要走向【外面所有男人的可能性】很费力。

（引入【父亲】）

（场面呈现）【自己】马上贴近【父亲】，看着【父亲】。

明昱导师引导【自己】对【父亲】：爸爸，你是我第一个恨的人，我死也不做你的伴侣！

说完停顿一会儿，接着引导：其实，你才是我最爱的！有了你，我就不需要其他男人了。爸爸，其实我爱的人只有你。我爱你爱到恨死你！

（引入【母亲】）

（场面呈现）【自己】不想看【母亲】。

明昱导师引导【自己】对【母亲】：妈妈，爸爸是我的！你赢不了我的！

（引入【姐姐】）

【自己】对【姐姐】：你不是我的对手，爸爸只属于我，所有人都没资格！

【自己】又转向【父亲】：爸爸，只要你对其他人好，我就妒忌！

明昱导师对案主：下面所做的排列你恐怕绝对不会接受的。

明昱导师引导【自己】看着【父亲】：爸爸，我是你最爱的女儿，同时，我只是你的女儿。妈妈是你的，她才是你的伴侣，而我只是你们的孩子。

【自己】对【丈夫】：现在，我给我们一个机会。

说完以后，【自己】可以站在【丈夫】身边了。此时【女儿】很感动，【丈夫】很开心。

明昱导师对案主：绝对不要接受这个答案，一定要离婚！（明昱导师在用欲擒故纵法。）

之后，明昱导师引导案主对着【父亲】：爸爸，你不是特别爱我，我觉得你爱我爱得不够，从来没关心过我，所以你要用一生来补偿我，还我一个快乐的童年。你不给我快乐童年之前，我死也不会说我爱你的。你死了，我都要要回来！

明昱导师对案主：你真正的心在爸爸这里。

引导案主对【父亲】：爸爸，其实我在这个世界上到处找你。

案主说完之后一下子抱住【父亲】，哭泣。

稍等了一会儿，明昱导师继续引导案主看着【父亲】：爸爸，其实我们的爱是断不了的，所以，我也不用再到处找你了。

【父亲】主动说：其实我一直在你身边。

父女再次拥抱。

明昱导师对案主：所以你可以带着这份爱，去任何地方，从现在开始。

案主看着现有家庭的画面，觉得很欣慰。

明昱导师又欲擒故纵地对案主：绝对不要相信这个画面，千万千万千万不要相信……

所有人都会心地笑着。

个案结束。

系统洞见

排列里面发现跟父母的关系，影响着以后的伴侣关系。跟爸爸的爱有中断的话，在伴侣关系里会不断找男人作为父亲的替代品，当然这是在潜意识地进行，自己意识不到。当排列把这样的情感真相呈现后，爱自动归位，当事人的伴侣才有机会。

妈妈的寂寞，我继承着

案主：30多岁的女士。和老公不亲密，怎么办？

访谈

案主：自从我有了孩子，和老公的关系就变得很冷漠。我感觉自己生完小孩抑郁了，想跑，想过要自杀，要离婚。

明昱导师：你小孩多大？

案主：两岁。最近我对这种负面情绪有了觉察，想走出来。我想看清楚我跟老公的真实关系，也想改善我们的关系。

明昱导师：等等，你的意思是说你以前不清楚和老公的真实关系？你和老公关系好不好，你不知道？

案主：知道，不好。我跟老公认识之前有过男朋友，跟老公交往期间，我经常会想到我的前男友。我对老公也不信任，因为我们不是很亲密，有时候我会想他是不是还有别的女人。

明昱导师：有没有核实过？

案主：有，但后来发现是我臆想的。

明昱导师：在婚姻里，你对他有什么不满意的？

案主：我觉得他活在自己的世界里，我们没什么心灵沟通。同时，我们也没有什么性生活。

明昱导师：给你的婚姻打打分吧。对你和老公的爱情、激情、感情、友情这四项，你打多少分？

案主：爱情30分；激情10分；感情60分；友情60分。

明昱导师：看来他可以是你的朋友，聊聊天。

案主：现在也不怎么聊天了。有时候他坐在我身边，我能感觉到他很紧张，在冒虚汗，好像我带给他压力。

明昱导师：我们先排列看看。

排列呈现

（引入【自己】、【丈夫】和【女儿】）

【自己】和【丈夫】两人之间隔了一段距离。【自己】并不直视【丈夫】；【丈夫】感觉心很慌，也不想去看妻子。【女儿】站在两人之间靠近爸爸（【丈夫】）身边，【丈夫】看着【女儿】。

明昱导师对案主：似乎你丈夫对女儿更关心一些，你反而离他们很远。

案主：我没做好准备的时候，就有了孩子。

明昱导师：那你准备好做人家老婆了吗？你准备好做妈妈了吗？

案主：都没有。

（引入【前男友】）

【自己】看到【前男友】，开始朝【前男友】移动。同时，【女儿】也开始朝爸爸（【丈夫】）身边移动。

明昱导师对案主：似乎你和前男友还没有真正完结。现在你看到了，谁在替代你的位置？

案主：女儿。

【自己】：我觉得走到这里来，是因为内心很孤独。

明昱导师：孤独不一定需要男人，但你可能需要。

（引入案主的【父亲】、【母亲】）

【父亲】所站的位置远离【母亲】。

【自己】的目光开始望向父母（【父亲】、【母亲】）：父母出来以后，我觉得没必要太去关注老公和孩子那边了，但我也不会把感情都寄托在父母身上。

事实上，我不想离他们任何一边太近，我内心很迷茫。

【父亲】：感觉她们（【自己】和【母亲】）和我没什么太多关系。

案主：补充一点，父亲给予我们的爱少得可怜。我父亲性格很压抑，我有四个兄弟姐妹，我们得到的父爱很少。

（引入案主的【爷爷】、【奶奶】）

【父亲】看着自己的父母（【爷爷】、【奶奶】），有些激动，想朝父母移动。

明昱导师引导【父亲】站在父母（【爷爷】、【奶奶】）身边：爸爸妈妈，我很需要你们！

说完这句话，【父亲】开始流泪。在一边观看的案主也开始流泪。

明昱导师对案主：看到了吗，在你的原生家庭里，你妈妈是很寂寞的，因为你父亲的心思在他自己父母身上。某种程度上，你也在延续你妈妈的模式。尤其在生了孩子以后，可能勾起了你妈妈的那种孤独、寂寞、想要远离家庭的感觉。所以，你承载的是妈妈的东西。

明昱导师引导【自己】对【父亲】、【母亲】：爸爸妈妈，现在我看清楚了，那是你们那一代的事情。我只是个孩子，我担当不了。现在我有了自己的家，我也有了自己的孩子。我把属于你们的还给你们。

说完这番话后，【自己】感到轻松了一些。

接着，明昱导师引导案主对【丈夫】说：从现在起，我真正做你老婆，做孩子的妈妈。我们都该长大了！

【丈夫】听到这番话，也感到可以放松下来。

案主和【丈夫】拥抱在一起。

根据现场反映出来的情况，【丈夫】的状态显得奇怪，案主补充资料：我老公很小就全托了，不在他父母身边生活。

明昱导师：那我们在这里做个测试，我的直觉判断是，你的丈夫和你父亲有些相似。

（第二段）排列呈现

（引入【丈夫】、【丈夫的父亲】、【丈夫的母亲】和【自己】）

（场面呈现）【丈夫】看到自己父母（【丈夫的父亲】、【丈夫的母亲】），也想冲过去，注意力不在妻子（【自己】）身上。

明昱导师对案主：看到了吗？某种程度上，你挑了一个和你父亲很像的人，你丈夫的注意力也都在他父母身上。可惜他人不在现场，我们无法深入他的个案。总之，你们两个人都要成长，在解决了和父母的连结问题之后，你们的关系会有改善。

个案结束。

系统洞见

从这个案例大家可以看到，父母的很多情绪如果自己没有面对，没有表达的话，有时候孩子会表达出来，孩子会复制上一代人的模式。

在排列里，一个家庭的次序是很重要的。本来一个男人长大之后，有了老婆，组成一个新的家庭，他应该跟自己的伴侣和孩子在一起。但是刚刚这位案主父亲的心，依然跟自己的父母在一起。他虽然结婚有了家庭，但心里仍然全是父母，妻子和孩子被忽略了。这时候，妈妈的孤独感孩子会感受到！上一代的秩序一乱，孩子也受到影响，这种情绪就代代传下来。这也是系统排列中屡屡证明的现象。

爱得太深，反不见了爱

案主：一位43岁的女士。希望改善亲密关系。

访谈

案主：我想改善跟老公的亲密关系。

明昱导师：有什么问题吗？

案主：太平淡了，我们这个年代的通病。我们结婚21年了，我觉得我们之间一直就那么回事儿。我希望他能多关心我一点，而他比较大男子主义。我坚持自食其力，但他希望我不上班，希望我一直待在家里。如果我要出去，他就跟我吵架，要离婚。

明昱导师：你是怎么嫁给他的？

案主：他对我一见钟情。我倒不是那么强烈地爱他。

明昱导师：你先打个分吧！在你们的两性关系中，在你们的婚姻里面爱情、激情、感情及友情，你分别打个分，从0到100，0是没有，100是最好。

案主：爱情45；激情70；感情60；友情40。

明昱导师：看来你们的感情、激情都不算缺，而爱情和友情比较低。那你现在想怎么样呢？需要对他产生点幻想，为他做点傻事？

案主：我希望我们夫妻感情更好点，让孩子能在更好的环境下长大。特别是小儿子，他还小。大儿子已经读大学了，他可能受我们夫妻感情影响，跟我们有距离，我不想同样的事发生在小儿子身上。

明昱导师：可是我要怎么帮你呢？缺哪块，补哪块吧。补上爱情和友情就行了。

案主：（无奈）我已经这个年龄了，都不知道爱情是什么。

明昱导师：或者，你可以给婚姻放个假？

案主：我现在有个小宝宝，我40岁时又生了个孩子。生之前婚姻关系处于低谷，现在好很多，是21年来最好的状态。因为我生了这个孩子，有了很多提升、学习的机会。可我老公没有。

明昱导师：如果你要跟老公发展爱情的话，通常你见不到他的时候，才能体验得到。思念，能感受到爱情。所以，也许你可以给自己放个假，去旅行。在旅行途中体验牵挂、思念。友情的话，你们有没有共同的爱好？

案主：没有。他玩网游。我们共同的爱好是去健身房，但各自健身，没有交集。

明昱导师：得找个能一起动手干的事情。你们有没有看书的习惯？你喜欢音乐吗？有没有一起跳过舞？一起去旅行？

案主：没有，他经常懒懒的。

明昱导师：如果这样，可能他已经放弃了一些东西。好吧，我们先呈现一下你们的关系，再解决问题吧！

排列呈现

（引入【自己】、【丈夫】）

（场面呈现）【自己】和【丈夫】距离很远。【丈夫】主动接近【自己】，但到了一定距离后，【自己】就会躲开一点。【丈夫】看着【自己】，【自己】右臂环抱胸前，左手托腮。之后，【丈夫】低下头。

【丈夫】：我很爱她，但是不太敢看她。我心里的想法是——你是老大，你说了算。

【自己】对【丈夫】：你不合我的意，我还想要别的。

第二轮访谈

明昱导师：我们呈现的结果，你的丈夫不像个大男人，而你倒更像大女人。

案主：我想，这是因为我大女人的那一面，没有办法在工作上表现。

明昱导师：这不是原因，两者没有关系。你看得起你老公吗？

案主：有一点儿看不起。

明昱导师：这才是关键！

案主：我在上海生活，学习到了更多的东西。五年前我最瞧不起他，现在好很多。我以前觉得他懒、不思上进。现在，我认命了！他就是这样一个人，而且他总体还不错。

明昱导师：你是在说你在降低自己的要求？

案主：包括这一点——降低要求。我知道他有问题，但是我只能调整我自己，我知道自己有很多问题。

明昱导师：那你的问题是什么？

案主： 我的问题是——其实他有问题，但我怎么调整自己来适应他这样的一个人呢？

明昱导师： 你一直不满足，你太贪。还有一个核心问题，你瞧不起那个男人。

案主： 可是我说过，我们家的经济基础是他。如果没有他，这个家庭也不存在了，所以我尊敬他。

明昱导师： 那如果你出去工作了，你就不需要这个经济基础了，那这个家还会存在吗？

案主： 会在的，因为有孩子。

明昱导师： 哦，你在说你们的婚姻基础就是钱＋孩子？即使他提供了所有物质基础，你还是看不起他。你认为，你的问题到底在哪儿？

案主： 我要求太多，追求完美。

明昱导师： 你爱他吗？

案主： 很难！我们只是一家人。我们就是搭伙过日子，我就是想在这种基础上，能过得好一些。

明昱导师： 这个婚姻的基础，并不在爱上！现在我让你去爱一个你不爱的人，可能吗？两性关系最基础的东西是爱！婚姻里有没有爱没有关系，只要有性就行了，有了性，生了孩子，就是夫妻了。但，幸福夫妻，幸福婚姻呢？没有爱，就不行了。要过得好，必须有爱！我不明白，自己怎么才能强迫你，去爱一个你不爱的人。你现在问我的问题是如何在一个无爱的婚姻里，找到幸福？

案主： 对我来说，一段婚姻里，你也爱我，我也爱你，那简直是神话。

明昱导师：（对全场）在场的各位，婚姻中夫妻二人"你爱TA、TA也爱你"的请举手！（很多人举手）（向案主）哦，我们这里有很多神话！

案主： 可是，爱也许就一阵子，也许……

明昱导师： 是啊，爱会有很多麻烦的（案主无语、落泪）。他总有些地方吸引你吧？我给你几条建议：第一，在他身上找到些值得爱的地方，也许你会不经意中爱上他；第二，在维持这段婚姻的同时，找个蓝颜知己，无话不说又不发生性关系；第三，干脆就把你的丈夫变成你的知己。

案主：其实我的问题是，我怎样用自己的力量，去影响他。

明昱导师：可你反思了这么久，最后发现问题还是在他身上。其实大家都听出来了，我给你的建议是让他变成你的知己。但如果你想让他做你知己，获得友情的话，有个条件，就是你得先做他的知己才行。你了解他吗？

案主：我认为自己了解他。

明昱导师：那他心里在想什么？对他来说，他对婚姻的需求是什么？

案主：他应该就是觉得，我只要温饱就好了。

明昱导师：你对他的内心需求和感受，几乎毫无认识。你对他的人有感受吗？你能站在他的角度去考虑吗？他有什么爱好？网游？你知道打网游能带来什么吗？刺激感、成就感、团队合作的感觉。一个人如果陷入网游，往往是由于现实生活压力非常大，他要找回现实世界中失落的成就感。

案主：他在现实世界中还好。我们到上海，创业、生活、生育子女，各方面都是我们圈中的佼佼者。

明昱导师：但你还是瞧不起他，而且不是行为上，是心理上瞧不起。

案主：我也是刚知道，可是……

明昱导师：你现在是明知自己错了，却不承认。你是对的，你比他高一等，所以你有权去声讨、去索取……（当事人开始哭泣）不妨，大家设想一下，她丈夫与她一起生活这么多年，他的内心是满足呢？还是空虚呢？谁该委屈多一点？你跟父母关系如何？

案主：我18岁时，离家出走。

明昱导师：为什么？

案主：我们家两个女儿，隔壁家也是。隔壁家女儿17岁，她父母给她招女婿（当事人开始哭泣），我妈也为我找了一个。我不认同这段婚姻，所以，我18岁时离家出走了。我和他没有任何仪式或实质行为，但是我离开后，我妈让他住进我家，认他做儿子，后来为他出钱娶妻，他最后离开了。但是我有几年的时间是不回去的。

（案主继续哭泣）

明昱导师：张开眼睛，看着我，别再自说自话了！你的语言告诉我们：你当年按自己的主意做，你的行为是在抗拒妈妈的决定。但你的眼泪告诉我们另一个故事：你不想失去妈妈，你在说——妈妈我不想背叛你。我想，这是你后来选择一个自己不爱的老公的背景原因。虽然后来的老公是你自己挑的，但你仍然不爱他，你以这种方式告诉妈妈你挑的还是自己不爱的人，你仍然没有背叛妈妈。

就算背景原因是这样，你打算将来怎么办？我想你只有一个机会，就是和你的丈夫重新恋爱一次。而且，你必须放下对他的那种挑刺的态度，你得放下自己的身段。你继续这样当"太后"的话，不知道哪个男人会忍得下去。

第二轮排列呈现

［引入【自己】、【母亲】、【丈夫】、【男】（指当年曾定亲的男士）］

（场面呈现）【自己】在【母亲】的追赶下躲到了【丈夫】身后。

明昱导师对案主：很清楚了，你们婚姻真正的基础，就是你的丈夫能保护你，让你不按照妈妈的意愿嫁人。

明昱导师引导【丈夫】对【自己】：我保护了你，我会继续保护你。

【丈夫】感觉这些话是对的，就是这么回事。

【自己】：我就想来这里。

明昱导师引导【自己】对【丈夫】：你是我的救命稻草。

明昱导师问【自己】：能说出"我谢谢你"吗？

【自己】：不能。

明昱导师引导【自己】：试着说"我爱你，你是我的男人"。

【自己】不能说出来，并对【丈夫】说"你是我的保护伞。"

明昱导师对大家：这里有真正平等的两性关系吗？我感觉这是个被宠坏的公主！

明昱导师引导【自己】对【母亲】：妈妈，我害怕你！

【自己】表示想说出另一些更有感觉的话，随后自动说：妈妈，我讨厌你！你都没爱过我。

【母亲】自动回答：我觉得我是爱你的，但我的脚拧着了，走不过去。

【自己】对【母亲】：你没有看过我。你只想要你的幸福，没管我的感受。

【母亲】：我看过你的！

明昱导师引导下，【自己】很大声地说：妈妈，我对你很生气！

随后，明昱导师轻轻拉着【自己】，从【丈夫】身后走出来，面对【母亲】，引导【自己】对【母亲】说：我不想背叛你的。都是你的错，我的一生被你毁了。现在，就算我是在自己惩罚自己，也还是你的错！

说完，明昱导师又将【自己】向【母亲】推近一些，又引导【自己】：我绝对绝对不会原谅你，今生不悔！

【自己】表示说不出来。

明昱导师再引导【自己】：其实，我不想失去你的爱。

【自己】说完，自动上前，与【母亲】相拥在一起。

【母亲】表示：她说这些话，我觉得悲伤，但还是很怜爱她。

明昱导师又引导【自己】对【母亲】：下一生，我做你妈妈！

【自己】说出这话后，【母亲】表示：有点搞笑，但很温馨。

【自己】主动说：我想靠近妈妈。

【丈夫】指着【自己】：其实我很爱她。我就想宠着她。

明昱导师引导【自己】对【丈夫】：其实你是我的靠山。你不单要做我的伴侣，还要做我的爸爸。

【自己】没有照说，而是表示：老公像爸爸一样安全，但又不像爸爸那样有压力。

明昱导师对案主本人：你根本不知道自己有多幸福！

此时，场上【丈夫】、【自己】和【母亲】三人并肩而立，紧密相靠，【丈夫】的手臂挽住【自己】的腰。

【自己】表示：我以前以为自己不爱他。现在才知道，我爱他，只是太深，深到以前自己竟然都看不见了。

个案结束。

系统洞见

维持一段婚姻，通常我们说四"情"比较重要。

1.爱情。两人之间有没有火花擦出来？有没有因爱而产生异样的情怀，特别浪漫？通常一对夫妻有了孩子之后，爱情的热度可能会下降。

2.激情。他（她）还能让你有性欲吗？你们在一起有性的满足吗？

3.感情。两个人在一起，特别是长期在一起，彼此很熟悉，遇到什么事情是不是互相惦念？假若分开一下，会不会自然而然地产生难舍难离的感觉。

4.友情。两个在一起的人，都希望维持长久的良好关系，最关键要看彼此之间有没有很深的理解，有没有很知己的感觉。

想看看自己的婚姻究竟处于什么状态，可以给这四"情"打打分。

性冷淡，或许不是你的错

案主：30岁左右的女士。解决与丈夫性关系冷淡问题。

访谈

案主：生完孩子后，我丈夫不敢碰我。而且他说一碰我，他就有侵犯我的感觉。

明昱导师：多久了？

案主：一年多了，没有性生活。有时候我抱他，他都会特别紧张。

明昱导师：噢，性是很敏感的话题。我问一个问题，你回家之后穿什么衣服？

案主：就穿现在这身衣服。（案主的衣服属于保守的风格，正规、严实。）

明昱导师：噢，那他肯定没兴趣。（笑）

案主：但是我如果穿得稍微暴露点，他会很反感。我们为这个事情还吵过架。

明昱导师：如果是他在性上有问题，应该他来做个案。我们还是先从你这方面的情况看看吧！

排列呈现

（引入【自己】、【孩子】和【丈夫】）

【丈夫】看到【自己】和【孩子】后，一直后退。

【丈夫】有浑身发冷的感觉，觉得跟这个家庭没有关系。

案主：当初要小孩的时候，我丈夫就不同意。他不想有孩子，因为他小时候父母老吵架，对他伤害很大，后来他父母离婚了。

（引入【丈夫的父母】）

【自己】不愿意看【丈夫的父母】，似乎在避开丈夫的家庭。

（引入【自己的父母】）

【自己】回避【自己的父母】，和【孩子】待在一起。

【丈夫】在【丈夫的父母】上来之后，开始喘粗气，浑身发抖，似乎受到了极大的惊吓。

明昱导师引导【自己】对【丈夫】：不管你家里发生什么事，你还是我丈夫。

【丈夫】听到这句话后，继续喘粗气。【自己】一再呼唤【丈夫】，【丈夫】始终闭着眼睛，无法靠近【自己】。

明昱导师：（对案主）似乎是他家族里有些事情需要处理，与你无关。

（引入案主的【爷爷】）

（案主的爷爷已经过世了，曾经受到过迫害。案主的丈夫家族里也有一些人受到过迫害。）

【爷爷】躺在地上。【丈夫】躺到了【爷爷】身边，感觉比刚才放松。躺了一会儿，【丈夫】起身，觉得那不是自己应该待的位置，但他仍然看着躺在地上的人，不愿意回到妻子身边。

明昱导师引导【自己】对【丈夫】：我很无奈，我还在，你回来吧。

【丈夫】不为所动。

明昱导师：（对案主）你丈夫的家族里有过很大的创伤，他自己选择要去承担。他一方面承担，一方面也努力挣脱，你丈夫很坚强。

明昱导师继续引导【自己】对【丈夫】：你完成你的事之后，要回来！

（场面呈现）过了一会儿，【丈夫】抬起头，开始看【自己】和【孩子】，表现出想要靠近的样子。【自己】继续呼唤【丈夫】，【丈夫】迟疑了一会儿，终于走过来，紧紧抱住了妻子。

明昱导师：（对案主）这里的东西不是你能处理的，你要让他自己来处理，能促成改变的是他自己。

【丈夫】：我分享一下。刚才我的感觉是有一种极大的恐惧，觉得根本不想带任何一个生命再来经历这种恐惧，所以我不愿意碰我的妻子。

个案结束。

系统洞见

系统排列是以当事人为中心的关系排解，如果在呈现出主要问题不在当事人身上的时候，能做的大概有几点：以当事人的态度转变，引发主要问题者的转变；当事人能理解问题者的背景，接受这个事实；有机会的话，让主要问题来到现场，直接处理他的个案。我们做不到的是处理不在现场人的个案。

一种常见的过界——第三者

案主：女士。希望家庭关系和谐。

访谈

案主：我希望家庭关系和谐，同老公、孩子亲密些。

明昱导师：你究竟要同谁亲密？

案主：我总是把对老公的怨气发在孩子身上。我十八岁认识我老公，我是他的第二段婚姻。我认识他的时候他在第一段婚姻中，两年后他离婚，然后我们在一起八年后才结婚。

明昱导师：他怎么离婚的？

案主：通过自残离的，他把手指筋弄断了。他的家庭都非常赞同他离婚，对我非常满意。他的前妻经常虐待孩子，但是最后孩子还是没有跟着爸爸，十年只和孩子见过两面。

明昱导师：这种情况很少见，说详细点。

案主：我很困惑，结婚前我们的爱情120分，但是现在好像全变了。在他面前提起孩子时我很小心。

明昱导师：如果你尊重他前面的孩子，会和丈夫的关系更亲近。有个例子，乔布斯的前妻有个女儿，家庭成功，公司同步成功；家庭失败，公司同步失败。理论家不知道这是什么样的因果关系，但是我们看到的就是有个同步性在里面。所以如果你支持他见女儿，而不是不再提起，会对你们的关系好些。

案主：我老公见不着和前妻的孩子，孩子的妈妈不让他见。

明昱导师：你同你丈夫之间究竟发生了什么？

案主：最近他状态不好，工作也不好，我就有些着急。我看不上他！

明昱导师：两性关系的杀手锏，我也叫它们毒药，基本到了看不起对方这个层次，在国外两人的关系基本完蛋了。"瞧不起"是条红色警戒线，这是婚姻的分水岭。中国人忍受力非常强，但是到了这一步，也是出了很大的问题，需要下工夫好好重新调整修复。

我能帮你做什么？到现在为止从你这里说出来的，都是他的毛病。在婚姻里面你自己做过什么，没有做过什么？

案主：我可能觉得他是第二次婚姻，一直都是我在上的感觉。

明昱导师：这个解释太牵强。

案主：总觉得他不能做主，不像个男人。

明昱导师：这是你设定的陷阱，他向里跳。他做决定你能同意吗？

案主：不信任。什么都是按照我喜欢的来。

明昱导师：你觉得你是他什么人？不像老婆，挺像太后吧？

案主：太后。我们有过六次堕胎，药流，我也抱怨老公。

明昱导师：男女关系里面很多很多学问。你的目标是什么？

案主：改善这种关系，希望老公是一家之主。

明昱导师：那你得改变对他的看法，看到他值得被欣赏的部分，从太后的位置上下来。

真不知道这个男人怎么活下来的！他说一就死，说二就窝囊死。你多滋润，说一是一、说二是二。

排列呈现

（引入【自己】、【丈夫】）

【丈夫】愿意靠近妻子，但是【自己】总是走开。

（加入【儿子】）

【自己】马上与【儿子】站在了一起。【丈夫】看了看，感觉：也行。

【自己】表示：有他没他（指着【丈夫】）无所谓。

【自己】在导师引导下试着退后了两步，【儿子】很快去靠近爸爸（【丈夫】）。【自己看到这种情况】去拉【儿子】，并对儿子说：你既是我的儿子，也是我的老公！

【儿子】听了这句话：紧张，有压力！

[引入【堕胎女孩】、【堕胎男孩】（两个人分别代表6个堕胎的男孩、女孩）]

【自己】拉【儿子】靠近【堕胎女孩】、【堕胎男孩】。【丈夫】跟着靠近。

（引入案主【暴怒的情绪】）

【暴怒的情绪】看着堕胎的孩子们。

【自己】对【丈夫】：你不要他们，我也不要你！儿子才最重要，其他都不重要！

（引入【丈夫的前妻】和【丈夫和前妻的女儿】）

【儿子】走到【丈夫和前妻的女儿】面前，对姐姐：其实姐姐，你也需要爸爸。

【丈夫和前妻的女儿】与【丈夫的前妻】分开，看着爸爸（【丈夫】），女儿对爸爸说：爸爸，我想你！我也需要爸爸！

【自己】对着【丈夫的前妻】：其实，我也惩罚了自己，我用我的孩子来对你赎罪。

【自己】感觉腿发麻，同时心里舒服了一些。

【丈夫的前妻】：我只想看着自己的孩子。

明昱导师引导【自己】对【丈夫的前妻】：你是我丈夫的前妻，这是事实。其实，我和你没有什么区别。

【丈夫的前妻】表示听了以后挺高兴的。

明昱导师继续引导【自己】对【丈夫的前妻】说：其实，我付出了很大的代价，你也是。现在，我们都让自己的孩子付出了代价。

【丈夫的前妻】表示很难受，想哭。

明昱导师又引导【自己】对【儿子】：现在，孩子，我让你自由。

引导【自己】对【丈夫和前妻的女儿】：你随时可以来看你的爸爸。

引导【自己】指着【丈夫和前妻的女儿】对【丈夫】：那是你的女儿，去看看她吧！

之后，【丈夫】带着【儿子】去看【丈夫和前妻的女儿】。

看到这样的情景，【自己】：现在我感觉挺轻松。

【暴怒的情绪】自动退到圈边。

【自己】继续对着【堕胎女孩】、【堕胎男孩】：你们都是我的孩子，现在妈妈承认你们！

【自己】去抱了【堕胎女孩】，儿子过去看【堕胎男孩】。

明昱导师对案主：凡是你忘记的，你现在的儿子都记得。

明昱导师引导【自己】继续看着【堕胎男孩】：其实，我已经送你们走了，你们是我赎罪的工具。现在，我真正把你们当做我的孩子。

随后，【自己】走近【丈夫】，同【丈夫】和【儿子】在一起。

最后，明昱导师对案主：有几步要去做，尊重丈夫的前妻、孩子；纪念被打掉的孩子，让儿子自由。剩下的事情让你丈夫去做吧！

个案结束。

系统洞见

一对夫妻间如果有第三者出现，仅有了肉体关系，还不足以令现有的家庭解体，例外的情况是，要是跟第三者有了孩子，在一夫一妻制度下，就是一个新家庭成立不可否认的证据。而系统的规则是，要以新家庭为重。当事人要离开现有的家庭跟新的伴侣在一起，照顾孩子。如果不是一夫一妻制，原有家庭不用解体，但当事人一样要去照顾新的伴侣。

生命的规则是，创造一个最优化的环境，让新的生命更有机会成长。但是，这并不意味着跟第三者成立的家庭，能永远幸福下去。事实上，系统排列发现的现象是，婚姻是以"第三者"状态实现的，后面的关系很难成功，也就是说，因为第三者而跟原来的伴侣分手的，当事人跟第三者很难最终在一起，就算结了婚，也很容易离婚，当然，有孩子能好一些，但也必须承担起对不起前任的罪责。

每个人的心灵都受不了的是，自己的幸福是建筑在他人痛苦之上的。

新系统优先是原则

案主：男士，30岁左右。希望尽快摆脱情感纠葛。

访谈

案主： 我现在跟老婆关系紧张。我新认识了一个女朋友，很爱她，但是老婆跟我很多年了，我又放不下她。我现在很纠结，不知道该怎么办，但还是倾向于把家庭维持住。

明昱导师： 你想修复和老婆的关系？

案主： 是。

明昱导师： 你还爱她吗？

案主： 爱。我们是有感情基础的，交往了很多年才结婚，她也为我付出过很多，为我堕过胎。

明昱导师： 这就有点问题了，既然你决定维系家庭，就和女朋友分开好了。

案主： 分不开。

明昱导师： （笑）那你要我怎么做？

案主： 我真的很纠结，我和女朋友的关系在我们家庭会议上讨论过。

明昱导师： 怎么感觉好像你的家庭接受这段关系了？

案主： 算是吧。

明昱导师：这情况要是发生在一百年前的中国，没有问题，齐人之福。不过齐人之福的滋味大概不好受。

案主：是。我女朋友现在也怀孕了。

明昱导师：噢！我们来排排看吧！

排列呈现

（引入【自己】、【妻子】和【女朋友】）

（场面呈现）【自己】和【女朋友】立刻站在一起，俨然一对伴侣。【妻子】在他们周围徘徊，不想离开【自己】，却似乎也无法靠近。

【自己】的眼睛虽然看着【妻子】，但身体却坚定地站在【女朋友】身边。

明昱导师对案主：看到了？

案主有些不大相信：嗯。

（引入【未出生的孩子】）

【未出生的孩子】直接站到了自己妈妈（【女朋友】）身边。【自己】、【女朋友】和【未出生的孩子】紧紧地站在一起，组成了一个新的家庭。【妻子】看到这一幕，开始后退。

案主：这一幕如果真的发生的话，我可以接受。但事实上，我不想让这个孩子生出来。

明昱导师：噢，那我无话可说！排列先在这里终止。我相信你要面对的不只是婚姻问题，你在内心里还不愿意长大，不愿意承担责任，还觉得自己是一个小孩子，还可以随着自己的想法任意作为。但是生命本身以及我们对待生命的态度，都不是开玩笑的。我给你的建议是，做出决定也许必然要伤害一方，但是在目前的状况下，新的生命是最最重要的。

系统洞见

家庭系统排列揭示的动力显示，如果一个人与家庭之外的异性纯粹地只有性关系的话,原来的家庭系统还好维持,这个人还有机会重新回归家庭系统。但是,如果这个人和外面的异性有感情、有爱,又有了孩子,不管这个孩子有没有出生,都表明新组成了家庭。系统法则要求,新家庭优先于旧家庭。所以这时,这个人要离开原来的家庭,来到新伴侣身边。

这些年我观察到的案例,基本都符合这个法则。

"对不起"是最难说出口的话

案主:男士。离过一次婚,现在处于第二段婚姻中。希望改善两性关系。

访谈

案主: 我们现在看似两口子,但感觉离得很远。

明昱导师: 有什么东西让你感觉远?

案主: 我认为女人应该温柔。

明昱导师: 那算了吧,如果你是狮子,至少旁边得是只老虎才能匹配。你对她有要求,她对你也有要求。女人对男人的能力要求很高,女人挑男人看事业怎么样;男人挑女人,出门像贵妇,厨房像主妇……每个人又都有自我,自我的部分不会改变,改变了就不是我了。你要同一个人生活在一起,就要让对方活出真我。两性关系是"亏本生意",要保有不能出让的那部分自我,同时双方又都要损失一部分自我,以达成两个人的相对一致以便于和谐共处。

你妻子不在现场,我改变不了她,在这里是你要解决些问题,得你改变一些东西才行。你们平时有什么冲突?

案主: 观点不同,价值观不同。比如,她这次投资失误,债务牵连到我家。我觉得这个行为不能容忍。

明昱导师: 不容忍,你打算怎么办?

案主: 我想过离婚算了。

明昱导师： 你怎么对待她？

案主： 我很严厉地批评了她，还动过手……

明昱导师： 的确麻烦，你们的冲突已经到很高级别了。夫妻关系，从指责对方、辩解、冷战到蔑视（瞧不起对方），已经是到了分手的境地，如果还到了动手、性惩罚、搞经济封锁（财务矛盾）、传播对方丑事等地步，基本是要过到头了的局面。

你们是怎么在一起的？结合的基础是什么？

案主： 我2001年第一次结婚，2003年离婚，因为我在婚内认识了现在的妻子。

明昱导师： 现在的妻子是以第三者身份出现在一段关系里的，这相当于一种自我摧毁，因为她的出现让另一个女人失去了家庭，属于一种伤害性行为，是要还债的。所以，有可能她的这次"投资"就是一次自毁性行为。新的伴侣在离婚后才出现，不会出现这种情况。

你和现在的妻子有孩子吗？和前妻有孩子吗？

案主： 都有。都是男孩。都跟我在一起。

明昱导师： 第一个孩子，也就是前妻的孩子，叫你现任妻子什么？

案主： 妈妈。

明昱导师： 这是错误的，里面有好几个人受伤害。孩子唯一的"妈妈"是他的生母，也就是你前妻，不可以叫现任妻子妈妈；前妻也会因此受到伤害。这里有好几个系统性的严重错误。两性关系里面最严重的是第三者问题，不过好在你们之间有了孩子。我们来排列一下吧！

排列呈现

（引入【自己】、【现妻】）

（场面呈现）【自己】和【现妻】有一段距离。

（引入【投资】）

对场域影响不大。明昱导师让【投资】下场。【投资】应该只是案主现在的妻子用来吸引案主关注的一种行为。

（引入【前妻】）

（场面呈现）【自己】注视【前妻】。

明昱导师问【现妻】：有什么是你关注的？【现妻】没有回答。

明昱导师引导【现妻】对【自己】：我很寂寞，我很伤心。【自己】听了之后笑了笑，说"你不重要"。【自己】的所有注意力都在【前妻】身上。

（引入【前妻的孩子】、【现妻的孩子】）

【自己】与【前妻】、【前妻的孩子】在一起。

明昱导师：这段关系中谁是最大的受害者？现任妻子和她的孩子。

【现妻】倒下，说：我的心已经死了。

【自己】这时看着【现妻的孩子】，眼中只有儿子没有妻子。

（场面呈现）两个孩子都对【自己】感觉淡漠。

明昱导师对案主：你将来得不到儿子，孩子现在很冷漠。要解决你现在面临的家庭危机，可能只有一句话有效。

明昱导师让【自己】看向【现妻】那边，引导着对【现妻】：你是我第二任太太，对不起！

【自己】说不出来。

案主问：一定要说吗？

明昱导师对案主说：要解决问题，要说这句对不起！知道你不想说。

【自己】仍然不肯说。

明昱导师对全场：看到了吧，在这个世界里，对自己的伴侣说一句对不起，有多么难！

明昱导师建议加上一个可能性。引入【平行自己】。划出一个界限：两个宇宙（平行宇宙）。

【平行自己】对【前妻】：对不起，我伤害了你！

【平行自己】对【前妻的孩子】：孩子，你可以爱妈妈！

【平行自己】对【现妻】说：老婆，对不起！

明昱导师带【平行自己】走到【现妻】面前，拉起【现妻】的手：对不起，回家吧！你还有我。

【平行自己】抱住【现妻】：现在，我来保护你。

明昱导师总结，对案主本人：第一个宇宙中，排列呈现你回到前妻身边，后边的孩子会出事。第二个宇宙中，你对所有人说对不起，你有机会和家庭好好过下去。你选择吧！

案主：我选第二个！

明昱导师：那你回家要好好抱抱你现在的妻子吧！

个案结束。

系统洞见

平行宇宙是现在物理学中一个非常新的概念，其中一种根据量子力学的说法是，这个宇宙包含了无穷的可能性世界，每个都可以差不多，有些宇宙中会有另外一个你，每一刻的选择都可以不一样，造就无穷变化的世界可能性。平行宇宙排列是运用这个原理，把世界中不同选择的可能性后果都呈现给当事人，让他选择自己想属于的世界。

女人的"离婚"威胁

案主：男士，有两个女儿。老婆想离婚，自己希望挽救。

访谈

案主：到现在为止，我没有找到我的生父。现在我的生活、事业出现了很大的危机，不知道是不是跟这个有关系。

明昱导师：有一个人叫乔布斯，没有和亲生父亲在一起，却拥有世界上最大的公司。

案主：六年前找到了妈妈，刚刚电话里约好见面，当天下午她就去世了。直到她死都没有告诉我亲生父亲的身份，好像有一些不光彩的事情，比如强奸之类。现在太太要跟我离婚，因为我在外面有外遇。

明昱导师：一般来说外面有外遇，是在不停地找妈妈的表现。那么你的问题是？

案主：太太要离婚，现在又是金融危机，面临危机……

明昱导师：这样的情况，我们一般要恭喜你。因为当你面临人生危机的时候，也许你真正的人生才开始。

案主：我很害怕，因为我从老家带了一大批人出来跟我一起，如果我不行了，会影响一大批人。我老婆跟我离婚也有这方面的原因，觉得我把很多时间、精力花在为别人考虑上。我觉得她应该理解我，可她做不到。

明昱导师：如果你想让她理解你，得先把她放在第一位。你也可以看到，没有得到爱的孩子，也可以给身边的人很多爱，甚至比其他人给的更多。你老婆在你公司里有职位吗？

案主：以前有，但第二个孩子出生的时候，她就回家了。

明昱导师：你的期待呢？

案主：我想知道我老婆到底怎么想的，我们的婚姻到底怎么样？我的事业会怎样？我是做钢材起家的，现在做房地产，但现在市场低迷、银行收款、合伙人撤资……我现在举步维艰。

明昱导师：今天我们先做家庭，尤其是你和太太的关系。找爸爸的问题有线索再说，寻亲是个漫长的过程，慢慢来。以后再做事业。

排列呈现

（引入【自己】和【太太】）

【自己】和【太太】很亲密地在一起。

明昱导师引导【太太】对【自己】：我一定不会跟你在一起的。我死也不会原谅你。

【太太】说的同时，一边笑，一边愈发靠近老公（【自己】）。

明昱导师引导【自己】对【太太】：好吧，我就认了你！

【太太】表示感觉很舒服。

（引入【大女儿】、【小女儿】）

一家四口人相互搂抱，很紧密地在一起。

【太太】主动表示：我就是要吓吓他。其实也不忍心，因为他事业上也不顺利。

明昱导师对案主：三个女人在家里了，就不要给第三者位置了。下次她再吓你，你就对她说：好吧，老婆，我认命了，就是你了。

案主：我求过她的，她不理我。

明昱导师回应：你得有点创意才行。不是她不理你，是你太死心眼！其实男人的解释只是在给自己的行为找理由,只能使女人更生气。你只需要说三个字:我错了！

明昱导师决定做个测试，引入【第三者】。

【第三者】一进来就去拉走【自己】。【小女儿】上前分开【自己】与【第三者】。【自己】回到【太太】与【小女儿】身边。

之后，【自己】又试图回到【第三者】身旁，【小女儿】又出来干预……如此反复着。

明昱导师中止这个反复程序，对案主：我看到的是一个青少年在玩爱情追逐的游戏。你没有以一个成年人的心态对待太太、家庭和感情，这是太太不能接受的！

明昱导师引入【成人自己】，将原来的【自己】定义为【青少年自己】。

明昱导师引导【成人自己】：现在，我是成年人，要做一个有担当的男人。

【太太】：我不相信他。

明昱导师引导【成年自己】对【第三者】：再见！

明昱导师又引导【成年自己】对【青少年自己】：现在，我不再玩过家家了。

（引入案主的【母亲】）

明昱导师引导【青少年自己】对【母亲】：妈妈，我到处在找你。妈妈，我想你！

【大女儿】和【小女儿】都跟过来在【太太】的身边支持。

明昱导师引导【母亲】对【青少年自己】：孩子，我也想你！同时，我很内疚。我害怕，你不接受。

明昱导师引导【青少年自己】回应：妈妈，其实我是爱你的！

明昱导师引导【青少年自己】蹲下，逐渐与【母亲】的手接触并握在一起：妈妈，我想你！随后，母子拥抱。

【太太】看着这个情景：我的气消了。

明昱导师引导【成年自己】对【第三者】：你不是我妈妈，我已经找到自己妈妈了！

案主：我想向妈妈鞠躬。

案主鞠躬，【大女儿】、【小女儿】也一并过来鞠躬。【太太】见状走过来，与案主、孩子在一起。

明昱导师引导案主对【母亲】：妈妈，如果我能回到自己家庭的话，请你祝福我！妈妈，再见，我回家了。

这时，【小女儿】到【太太】身边去，明昱导师引导案主对【小女儿】：你是我的女儿，不用做我妈妈，跟我回家。

一家四口拥抱在一起。

明昱导师对案主：把这个画面放在心里，你的潜意识明白发生了什么事。回家，把妈妈放在心里面，用心对老婆，而不是再去制造什么其他事情出来。不要以为你的语言可以骗到人，真心才能打动人！

个案结束。

系统洞见

离婚是女性向男人抗议的一种方式,男人要自己觉察一下自己的内心把老婆当成谁了。自己可能在找第三者,那第三者又代表谁?男人自己搞不清楚每一段关系的性质,没有把老婆放在伴侣的位置,就会引起老婆的情绪或极端行为,因为老婆也不知道如何表达。

别自己把老公送走

案主:一位三十多岁的女士,诉求伴侣关系

访谈

案主:我想离开我老公,因为我发现他最爱的不是我。

明昱导师:你怎么知道他最爱的不是你?

案主:因为他心里还有别人。

明昱导师:如果他有第三者的话,对你来说,有三种解决方式,第一种,你把他抢回来,但这对他不一定好,也不一定是他想要的;第二种,你接受这个现实,然后自己选一条路,比如离开他;第三种,维持现状,什么都不干,等待对方来认错,这也是一种选择。你希望做什么呢?

案主:我希望不管哪一种结果,我都接受。

明昱导师:但这里面可能有矛盾哦。你想要的和你要接受的,可能是有矛盾的。你想要的,你可以接受;你不想要的,你是被迫接受。仔细想一想,你到底要什么?

案主:(态度坚定地)我还是想把他拉回来,付出一切代价也要把他拉回来!

明昱导师:你知道你在说什么吗?"付出一切代价也要把他拉回来",意思是"我宁愿失去自己也要把他拉回来",或者说"我为了把他拉回来,可以付出一切"。

问题是,当你付出一切的时候,你是为谁付出的?你付出了一切,却失去了自己,你还说这是你想要的?真的吗?

案主:(沉默)

明昱导师:问题是,如果你付出了你所能付出的,还把他拉不回来,怎么办?我给你一个建议,真正睁开眼睛去面对现实,看清现实,然后接受现实。

案主:嗯。

明昱导师:一个问题,你的丈夫有第三者,真的吗?

案主:(迟疑了)有。

明昱导师:你回答的方式有些特别。

案主:迟疑了?

明昱导师:你说呢?你好像是在假设他有第三者。

案主:我们结婚已经好几年了,儿子也有了,但是他心里还放不下他前妻,经常回去看他前妻。以前他儿子在也就罢了,现在儿子读大学了,已经离开家了,他还回去看他前妻。

明昱导师:哦,那是另外一个问题了,前妻跟第三者可完全是两回事哦!

案主:那你的意思是我是第三者?

明昱导师:(笑)我没说,你自己说的。

明昱导师:你们是在他离婚之后认识的,还是他为你离的婚?

案主:他离婚四年后,我们才认识。

明昱导师:(笑)那我可以保证你不是第三者。

案主:我们结婚的时候很相爱。

明昱导师:我相信。

案主:后来有了儿子,现在已经两岁了。但是我发现他还是放不下他前妻。

明昱导师:给你一个建议,如果你想要跟丈夫关系好的话,请你尊重他的前妻。

案主：原来我是很尊重……

明昱导师：原来？

案主：原来很尊重，但是现在她进攻我。

明昱导师：进攻你？怎么进攻你？

案主：她给我打电话，说你把你老公看住了，别让他来我这儿骚扰我。

明昱导师：这叫进攻啊？她没让你离开你老公啊。

案主：是，但她要激怒我。

明昱导师：（笑）看上去，她已经成功地把你激怒了。你要跟你丈夫离婚，不是吗？是你要离开你丈夫，你丈夫并没有要离开你啊！

案主：是……

明昱导师：好了，我们先来看一看吧，看到底是你要把他拉回来，还是你要离开他。

排列呈现

（引入【自己】、【丈夫】和【孩子】）

（场面呈现）三个代表呈现出一个结合紧密的家庭景象。【丈夫】的眼睛望向妻子（【自己】）和【孩子】。但【自己】并不想看【丈夫】，注意力全部都在【孩子】身上。【丈夫】表示身体有一种紧绷感。

（引入【丈夫的前妻】和【丈夫与前妻的孩子】）

【丈夫】的眼睛开始关注【丈夫的前妻】和【丈夫与前妻的孩子】，但仍然站在【自己】身边。【丈夫的前妻】的眼睛则一直望向自己的孩子（【丈夫与前妻的孩子】），并没有看前夫（【丈夫】）和他现在组成的家庭。

【自己】一直盯着【丈夫的前妻】。

明昱导师对案主：前妻上场，你老公并没有离开你的意思啊！看上去，是你更关注他前妻。

【丈夫的前妻】：我觉得很委屈。

案主（插话）：你是不是还爱他，所以觉得委屈？！

【丈夫的前妻】摇头。

明昱导师：她的委屈可以来自于很多地方。

（引入【丈夫前妻的妈妈】）

【丈夫的前妻】马上转向自己的妈妈，开始流泪。【自己】看到这幅场景，竟然也开始流泪！

（引入案主的【母亲】）

【自己】对着【母亲】开始流泪。

明昱导师对案主：看到了吗，你跟你老公前妻的反应很像，委屈来自妈妈。

案主：（流泪）是。

明昱导师对案主：但是你们（指案主和案主丈夫的前妻）都忽略了一个人，就是你丈夫。换句话说，他选的两任妻子都是跟妈妈关系有问题的女儿。如果你不想像他前妻那样子，你的心得回到他身边来，明白吗？【丈夫】现在有什么感觉？

【丈夫】：看着这两边的家庭，感觉很累。

明昱导师引导【丈夫】：其实最累的是我！

【丈夫】说完又主动补充：嗯，我确实很累！

明昱导师引导【自己】看着【丈夫】：我现在试着来理解你。

【自己】说完主动表示：嗯，感觉好点了。没那么恨他了。

明昱导师：恨他？

明昱导师引导【自己】用拳头在【丈夫】身上象征性地打了几下。

【自己】：好点了。

【丈夫】看到【自己】的这些举动后：觉得她还是个孩子，还没长大。

明昱导师对案主：我给你个建议好吗？别——自己——把老公——送走！

系统洞见

之前我们说过，情绪有几个特点：第一，情绪可以延迟；第二，情绪可以累积。从这个案例中，我们可以看到情绪的第三个特点，即情绪会导致我们看不清事情的真相，影响甚至扭曲我们的思维。

把我们的大脑做一个由表及里的简单分工，外面那一层脑袋通常负责人的理性思考，尤其是大脑前部；最里面那一部分，也就是脑干部分，通常控制人的身体，负责人的本能，例如我们的心跳、呼吸。所以医生判定死亡，要看是不是脑干死亡。

情绪在哪儿呢？在中间那一部分。它是理性跟本能的连结，同时它也可能变成阻碍。什么意思？我们认识这个世界，通常会通过眼睛看到一幅画面，然后画面直接输入大脑里，开始进行思考。但如果你带着情绪去思考，会发生什么事？你的思考过程会变得不纯粹，你以为你在看事物，实际上中间却隔了一层情绪网。一旦你的情绪上来，会把你的思维和判断扭曲。你带着情绪看问题，所看到的东西只是假象。

从上面的案例中，我们可以看得很清楚。她以为丈夫在关注他前妻，以为他丈夫没有放下。事实上呢？

除却困扰，从纪念堕胎孩子做起

案主：男士。希望自己面对金钱和亲密关系时，更有决断力，更有内在力量。

访谈

案主： 我想探索我和父亲及父亲和奶奶之间的关系，因为我觉得这影响了我现在的两性关系。

目前，我身边有位女性，我很想跟她分开，可又做不到。我前两年离婚了，当时在婚姻关系里，我觉得自己像个小孩，把前妻投射成了妈妈或奶奶。我6岁时离开母亲，当时父亲说我该去个更好的学校学习，于是送我去了奶奶家，我是由奶奶抚养长大的。

明昱导师：那你父亲这么做，你妈妈同意吗？

案主：她不愿意，但我们都听从了爸爸的。6岁后，我平常就住在奶奶家，每周回家一次。每次从父母家离开时都很痛苦，这情况一直持续到我读大学。

明昱导师：6岁前发生过一些什么？

案主：没有什么。

明昱导师：那6岁之后，除了去奶奶家外，还有什么别的事吗？

案主：没什么别的事，只是每周要经历这样一次分离，比较痛苦。在奶奶家，就是读书。有次我听说，父亲不是奶奶亲生的。后来我去求证，家里人说这只是传言，没这回事。

明昱导师：那你除了这个背景外，你还有什么别的相关困扰吗？

案主：有的。我在公司里，只要听到有人要离开，我就会觉得难受。比如，一个人说要辞职，在他提出时，我会紧张得超过正常限度。我也很难做出和金钱有关的决定。

明昱导师：哦，那你是花钱难，还是赚钱难？

案主：我赚钱很容易，给别人钱很容易，但自己花钱很难。我自己开公司，做的是和艺术、多媒体、工程有关的事情。别人向我提出的薪资要求，我都同意。然后，我觉得自己像个小孩，周围的人都是大人。

明昱导师：那你希望我帮你达到什么结果呢？

案主：我想先详细说一下我的两性关系现况。因为一个女人，我和我前妻离婚了，当时，我和一位已经离职的女职员有了关系。离婚后，我没和她在一起。后来，我又认识了现在的女朋友。她很吸引我，但是她背景复杂，她从小被父亲性侵犯过，母亲对她也很控制。我觉得和她在一起，很艰难。我很想从这个关系中抽离出来。曾经，我很想回到我前妻身边。

明昱导师：这很难。

案主：我很难从这段关系中抽离。如果她做决定，我比较容易接受，但我自己很难做决定。

明昱导师：那你希望我做什么呢？

案主：我希望自己在面对金钱和亲密关系时更有决断力，更有内在力量。

明昱导师：你现在向我表述的方式，有些诚惶诚恐的，这是在做老板的人身上很少见到的情况。我好奇，你是怎么成功的？

案主：我成功可能是因为我在艺术上比较有天分，又碰到了机会，并不是因为我人际关系的原因。

明昱导师：哦，你现在这个状态很紧张，最好别让你的员工看到。

我听了你刚才说的，似乎，你把这一切都跟你小时候的分离经历拉在了一起，而且脉络清晰、言之成理。太过清晰了，于是，我反而就比较怀疑，到底你的那些关系是不是跟小时候的分离有关，如果你对自己的问题这么清晰，那就不该再有问题了。

所以，我问你些其他的，你前妻结婚了吗？

案主：她还没结婚，但我不知道她有没有男朋友。她现在正在我公司里上班。她曾出去工作过，但在外并不顺利，就又回来了。我现在打算把公司给她。那样我就可以离开了。她能接下我的公司，她有股份，出去兜了一圈后工作表现有长进，公司的人对她又都很信任。我觉得她可以接下公司，我们对这个公司投入都很多。有时，我觉得这公司就像我和她的孩子。

明昱导师：这有可能。你和前妻有孩子吗？

案主：没有，但有三次流产。我和她在一起时，我们都不想要小孩。

明昱导师：那如果你今后想和她在一起，你得接受自己会有孩子，要有后代。

案主：可是，我现在并不想跟她在一起。我是曾经想跟她复合，但现在我很乱，我想从这一切中抽身出来。

明昱导师：抽身？如何抽身？放下一切，做个短期僧侣？

案主：我曾这么做过。我去国外，放下一切，修行了两个月，感觉很轻松。

明昱导师：那看来你要的并不简单。你简直是想离开人间,不再享受人间烟火。

案主：差不多。我的女朋友正在等我的决定，可我既做不了分离的决定，也不能和她在一起。

明昱导师：你跟她性生活怎样？

案主：挺好。可她好像挺享受那种被侵犯的感觉，我觉得她有点把我当成父亲了。

明昱导师：你是说她在利用你来完成她的"恋父情结"？

案主：也不是。不过，她总是用"分离"的方式来折磨我。她经常提出分手，或者与追求她的男人有些暧昧关系，然后就闹"分手"。这几年，这样的分手已经有好几百次了。可是，我们现在还没分掉。我知道她在故意折磨我，可我就是会被她折磨，分不掉，这很痛苦。

明昱导师：那我有问题了，如果我帮你解决了，你真的会觉得好吗？你会留恋这种被折磨的感觉吗？

案主：不，不会留恋。如果解决了，我会轻松的。

明昱导师：那你要我教你什么呢？斩断一切，一刀切？

案主：我想让自己做个决定出来。无论选择的结果是怎样，我只要自己能坚定地做出决定就好。只要坚定地做出了决定，我就会坚定地去执行。

明昱导师：就算最后做出来的"选择"是跟她在一起，也行？

案主：那，我考虑一下（当事人低头开始犹豫）……我还是想抽离一下，远离这样纠结的状态。

明昱导师：哦，要远离纠结，那就别找女人吧！因为有个问题，如果你没有烦恼的话，那可能连幸福都没有了。烦恼和幸福，是一体两面的东西。

你以为找到下一个女人就会好？如果你的模式不改的话，可能你遇到的，会一个比一个折磨人。如果你搞不定自己的内在，那跟哪个女人在一起都会出问题的。

案主：（低头思索一下）我想往前走，我想成长。

明昱导师：是的。你要往前走，得长大。不过，你觉得自己多大？19岁？我是指心理年龄。

案主： 差不多。

明昱导师： 19岁，那要为自己承担责任的呦！无论你选择什么，都得为自己负责。你可以选择没有烦恼的"僧侣"生活，但是那种生活里没有爱、没有幸福、没有性。你也可以选择回到前妻身边，或者留在现在的女人身边，或者再找个新的女人，但这三种选择里你都得面对一个麻烦的女人。假设，真让你遇到一个"不麻烦"的女人，比如一个家族里三代都太平无事的女人，说不定你会觉得她很平淡的。你的前妻和曾经的外遇，她们家庭状况如何？

案主： 我的前妻从小失去父亲；曾经的外遇跟父亲关系很好，很密切的。

明昱导师： 你的女人都很特别，一个从小没有父亲；一个和父亲关系特别好；一个甚至还和父亲有过性关系，被侵犯时还很享受。你似乎很想站在父亲的位置。

案主： （思索后）是的。我想站在"父亲"的位置。

明昱导师： 那，你想站在哪个父亲的位置呢？

案主： 我想站在我自己父亲的位置上……

明昱导师： 是啊，那你想想，如果那样的话，你究竟在自己家里站在什么位置上了？我们看看吧。

排列呈现

（引入【自己】、【现女友】）

两个人相对而立，距离较远。

【自己】： 我心里很痛苦，觉得自己分裂了，一半的自己想上前拥抱女友，另一半想逃跑。

【现女友】： 我觉得自己身体前倾，想靠近他，但是我没办法再往前走，再往前他就要逃走了。

明昱导师将原来的【自己】定义为【想去拥抱的自己】，又引入了一个【想逃跑的自己】。

【想上前拥抱的自己】走向了【现女友】，而【想逃跑的自己】走向了反方向的远处。

（引入【前妻】）

【前妻】站在了【想逃跑的自己】身边。

（引入曾经外遇的对象【外遇】）

明昱导师询问代表们的感受。

站在【现女友】身边的【想去拥抱的自己】：最好那个【外遇】也过来。

【前妻】：我很难受。

站在【前妻】身边的【想逃跑的自己】：头有点晕。

【现女友】：当【外遇】走近时，他（指着【想去拥抱的自己】）的手松了一下。

【外遇】：我想要保持一定距离。

明昱导师对案主：每一个你都没放下。好多心灵空间需要填补哎！

之后，明昱导师再加入一个【眷恋外遇的自己】。

【眷恋外遇的自己】与【外遇】深情相拥。

（之后，明昱导师引入【母亲】）

【想去拥抱的自己】、【想逃跑的自己】、【眷恋外遇的自己】都看着【母亲】。

（引入【奶奶】）

和【前妻】在一起的【想逃跑的自己】看着【奶奶】，独自走向【奶奶】。而和【现女友】在一起的【想去拥抱的自己】则仍旧看着【母亲】，并带着【现女友】走过去找【母亲】。但是，【母亲】走到了【前妻】身边。

（引入【堕胎】）

站在【外遇】边上的【眷恋外遇的自己】走过去，并在【堕胎】边上坐下，表示：本来肝疼，现在坐下就不疼了。同时【外遇】也走到【堕胎】边上坐下。【前妻】则走到【堕胎】身边站着。

【奶奶】表示，想揪着【想逃跑的自己】去看【堕胎】小孩。而除了【眷恋外遇的自己】坐下陪伴【堕胎】之外，【想去拥抱的自己】和【想逃跑的自己】也都看着【堕胎】。

明昱导师对案主：你和前妻在一起的时候，是把对方当成了妈妈，但是你心里又想着奶奶，所以总想离开她。你的外遇是被堕胎小孩的替代品。你现在的女朋友，倒最像是你的女人。

此时，原本的【自己】表示：我觉得自己和女友有过另外的孩子，但是没有生下来。

明昱导师对案主：可能她有过你的小孩，后来没有了，你不知道。

（又引入一个【堕胎1】）

【堕胎1】坐在【眷恋外遇的自己】边上。

明昱导师对案主：你可以看着他们（指【堕胎】、【堕胎1】等小孩），但却无法接近他们。同时，如果你失去了现在的女朋友，那可能对你是个大损失，因为只有她才真的是你的女人。但孩子，你必须去纪念他们。

你的内心是分离的，每一部分各自分离。你得进行内在重整才行。但不管如何，三个男人（【想去拥抱的自己】、【想逃跑的自己】和【眷恋外遇的自己】），也就是三个你，最终在被堕胎的孩子们身上集合到了一起，一个坐在他们身边，另两个都看着他们。所以，你得认他们是你的孩子。不管你的内在到底是6岁、19岁，还是几岁，你都得纪念他们！

案主：怎么纪念呢？

明昱导师：如果你有任何宗教信仰，就用那信仰中的仪式去纪念。如果你没有，那可以用心理学上的方法。

案主：就是说，在心里留下他们的位置？

明昱导师：那对你还不够。只有当你"看"到那几个"孩子"并感到心痛或流下泪，才算够，那才是真正的"留下位置"。至少一年内，经常看看他们。如果某一刻,他们勾起了你内心的悲伤,那仪式的目的就达到了。过后,请烧掉或埋掉那些象征的小物件,让他们走,让孩子们走。

另外,你到现在还没放下妈妈,而为此付出代价的,的确是你的前妻。至于你现在的女朋友,你离不开她,或者离开了,你会后悔的。她折磨你,或许是因为你的心分离在很多地方。她才是你的"合一大学"。

个案结束。

系统洞见

通常堕胎是两个人关系开始分裂的开始,同时,共同纪念孩子也是关系和解的开始。

有以下几种纪念孩子的方式。

排列的方式:可以让自己找个小物件、小树苗放在家里面代表堕胎的孩子,以一年为期限,让自己有些时间就去看一看,甚至当他是活的,跟他介绍这个世界里的东西。如果有伤感,眼泪流下,有这样的情形发生就够了。一年时间到,做一次小型的葬礼,把小物件埋了,送走"孩子"。

生活化方式:有个企业家,有两个堕胎孩子,他建立了两个企业,用企业来纪念孩子,用爱来经营,事死如事生。

宗教信仰的方式:看看自己有什么信仰,用自己信仰内可以用的方式。

其实方式不重要,关键是内心是否真的愿意面对及祭奠孩子,没有这样基础的话,任何仪式没有任何作用。

自毁行为,通常在为堕胎赎罪

案主:30 岁左右的女士。诉求是走出婚姻中的失落状态。

访谈

案主： 一年来，我的心情处于低谷，老是沮丧、失落。

明昱导师： 你希望怎么样呢？

案主： 希望您能帮帮我。我在家很不舒服，看着家人不舒服，想离开。

明昱导师： 家里有什么人呢？

案主： 我老公，还有我妈妈跟我们生活在一起。

明昱导师： 听上去，似乎你的婚姻生活不是很快乐。

案主： 前面三年还好，现在结婚快六年了，还没有宝宝，夫妻的摩擦越来越多，这是一方面。另一方面，似乎我有些不接受他了。

明昱导师： 那你什么时候接受过他？结婚的时候？

案主： 结婚的时候也没有接受，我那时就想要找个人。他对我很好，我对他很感谢，觉得他帮了我很多，我们就结婚了。

明昱导师： 因为他帮助你，你感谢他，于是你们结婚？那我再问一下，你爱他吗？

案主： 不是爱。

明昱导师： 是依赖？

案主： 对。

明昱导师： 那你准许他碰你身体吗，现在？

案主： 比较难受。

明昱导师： 那你们共同的话题呢，有吗？

案主： 就是家里的事情，还有关于工作、公司的事情。我有时帮他做些他公司里的事情。

明昱导师： 那你的情况是比较差了。两性关系四"情"方面：感情可能还有一点，爱情没有，激情没有，友情很少。如果再这样下去，你只能压抑自己或麻痹自己。好像看起来离婚对你也不是一个选择，那你只能选择欺骗自己、欺骗他了。

案主：（开始哭泣）

明昱导师：为什么不离婚呢？

案主：太多事情。如果离婚，牵涉两个家庭，不容易。我曾希望能有个宝宝，但很难有。

明昱导师：如果你身体拒绝他，那比较难有宝宝。我奇怪的是，你既然有勇气跟他在一起，为什么没有勇气跟他分开？

案主：我一个人，也过不好。

明昱导师：为什么呢？

案主：我以前认定我结婚后不会幸福，后来碰到现在的老公，觉得他对我很好。

明昱导师：跟自己爱的人在一起，是需要勇气的。而选一个他爱你、你不爱他的人在一起，却会很痛苦。

案主：我曾经爱过一个人，就是我的初恋。后来没有办法在一起，之后交往的人都没有什么特别感觉。我跟初恋，曾有过堕胎，当时已经怀孕6个月了。

明昱导师：那可能你是因为非常懊悔、非常内疚，而不让自己过好。如果是这样的原因——你因内疚而让自己不幸福，那可能其实你爱你现在的丈夫，只是你不知道而已。这是最好的一种可能了。我不确定能帮你做什么。问一下，你父母还健在吗？

案主：都还在。

明昱导师：他们做什么的，有没有什么特殊背景？

案主：没有。

明昱导师：那你老公的背景呢？

案主：正常的生意人。

排列呈现

（引入【自己】和【丈夫】）

【丈夫】向【自己】接近，【自己】逃离，【丈夫】在后面追赶。最后，【自己】

蹲在场内，双手抱头、很痛苦的样子。【丈夫】蹲在旁边，一直关注、陪伴着【自己】。

（引入【前男友】）

【前男友】上场后，【自己】安定了一些，但仍很痛苦。【自己】表示她的眼睛一直盯着一个虚空的点。

（引入【堕胎】）

【堕胎】刚一坐在场内，【自己】就立刻上前，抱着【堕胎】痛哭。

明昱导师引导【自己】对【堕胎】：我很内疚，我很痛苦，我很后悔。

明昱导师对案主：堕掉一个大月份孩子，母亲因此会感觉自己是个罪人，无法让自己开心。而不让自己开心，成了一种赎罪模式，这是母性的表现。但问题是，这对你没好处，对亲人们也没有，你只是在自我毁灭而已。

明昱导师继续引导【自己】对【堕胎】：孩子，其实，妈妈心中一直都有你。其实，我一直都幻想你还活着。可事实上，你已经走了。

【自己】对前面的话都能跟着复述说出来，但最后一句，表示无法说出口。无法说出：事实上，你已经走了。

明昱导师改换句式引导【自己】：事实上，我让你走了。

【自己】却说成：我不让你走！

明昱导师继续引导【自己】：其实，我一直都在为你赎罪，为自己赎罪。我不允许自己快乐，不允许自己幸福。

之后，明昱导师对案主：有件事你要看见，你必须让他（指【堕胎】）到另一个世界去，只有这样，才能允许他存在。

明昱导师在【自己】和【堕胎】之间放下一条围巾。这条围巾将场域分隔成"生界"和"死界"两部分。

【自己】突然说：我觉得自己恨所有男人！

明昱导师回应：这是一种转移。用恨男人，来转移自己的痛苦。

明昱导师引导【自己】对【堕胎】：其实我有一半责任，这才是事实。现在，我承认这个事实。同时，你在妈妈心里面永远都有个位置。现在，妈妈会换种方式来爱你。我允许自己幸福，同时，我用为世界做点有意义的事情的方式，来纪念你。

说完上面的话，【自己】表示感觉心痛。

明昱导师回应：接受这种痛。不对抗，这样才能放下。

在说以上几段话的时候，明昱导师始终关注着案主。此时，明昱导师将案主拉到【堕胎】旁边，告诉案主：别做任何事，直接向他告别。

案主拥抱了【自己】和【堕胎】。

明昱导师引导案主对【堕胎】：孩子，现在我用爱送你走，请你在另一个世界，守护妈妈。接下来，明昱导师引导案主与【丈夫】拥抱。

明昱导师告诉案主：他真的很爱你，你很幸运。

案主回应：我很自责，做了很多对不起他的事情。

明昱导师说：他是你的光明，好好珍惜！

个案结束。

系统洞见

很多人对于自愿的人工流产妇女的心理状态不了解，我们看到的是有非常多无意识的自我惩罚行为，让自己远离幸福。只有祭奠孩子后，用爱送他们走，才能让自己拥抱现在的幸福。

第三章 亲子关系

父母是父母,孩子是孩子。

第一节 / 亲子关系的三大法则

亲子关系的整体性

父母与孩子之间的连结，自生命之初就存在了。从系统排列的实践中发现，亲子关系的出现是从孩子在妈妈的子宫里出现时开始的。在系统排列中，只要有生命出现过，就是整体的一部分，包括流产、被送走的孩子、夭折的孩子，每个出现过的成员都要被纪念、被祭奠。同时，作为父母，对子女应该是无条件的，不能因为子女的表现而将某个子女排除在系统之外。每个出现过的生命都有归属于该家庭系统的权利。

孩子通过父母，得到了三样东西，这是孩子必须接受和承认的事实。

第一，通过父母，孩子得到了生命，而且只能通过这对父母得到；也就是得到了父母的 DNA，以及 DNA 上记载的遗传信息。

第二，孩子得到了在这个世界上第一个身份，作为父母的孩子，有他们的姓氏，有他们的祖先，成为该家族成员之一。

第三，孩子的性别已经定下来，是男性还是女性。

这三样东西是客观的、无可否认的证据，亲子关系的成立，完整的家庭系统的成立，包括了父母与孩子的存在。

系统排列要问的是，孩子的存在对父母来讲意味着什么？或者更直白的问法：孩子是什么？

针对这个问题，美国心理学家黑尔曼（James Hillman），建议父母需要问的是"这个成为我孩子的人是谁？"当这样问的时候，背后的假设就是这个孩子有其独特的"灵魂"，就像橡树果一样，本身已经包含了日后成为橡树的一切信息，而且不会成为其他的东西，只会成为橡树。父母持有这样心态的话，就会开始尊重孩子的人生。父母当然可以提供合适的环境和土壤，但不管怎样，孩子的灵魂有他自己要在这个世界上完成的使命，成为他想成为的人，是父母控制不了的。

孩子很多时候的问题行为，是在抵抗父母的期望，希望过自己选择的人生。

如果父母把自己看成一个生命的通道，可能事实也是如此；孩子来到父母的身边，在父母的滋养下，孩子去完成自己在这一生要完成的"使命"，这样父母和孩子都会轻松很多。同时，这也意味着父母自己也是独特的生命，也有自己要完成的使命，不为他人而活。

所以，不管孩子怎样选择他自己的人生，还是父母的孩子。同理，不管父母怎样选择自己的人生，还是孩子的父母。这就是系统排列中关于亲子关系的第一法则，所谓的整体性，不管父母、孩子优秀或平凡，都要接受他们是自己的父母或孩子；他们的行为可能无法被接受，甚至可以很恶劣，但是，不能否定的是他们的身份。通过父母，孩子得到生命的机会；通过孩子，父母自己的DNA、自己的存在，可以在世界上用另一种方式延续下去。

父母接受孩子，孩子接受父母，是亲子之间爱的流动的第一法则。 接受父母，也意味着接受父母的本质，生命的本质，而不是纠缠在他们如何表现上。同样，作为孩子，也希望父母能接受自己作为自己的本质，而不是斤斤计较自己的表现如何，比如成绩不好、脾气不好、体格不好、社交不好、事业不好等。

第二是身份。谁是谁的孩子，身份不能变。

在系统排列的实践中，我们不断看到一个人跟祖先连结好的话，面对生活的力量是很强大的，仿佛不是一个人在世界上奋斗，而是有整个家族祝福，很多东西很顺利。为什么有这种现象，我们暂时的确无法用科学理论解释。

第三个是接受自己的性别。中国很多女性不想接受自己的性别。不接受女性角色，这跟中国文化中重男轻女的观念有关，似乎男孩子在家中更受重视。

很多女孩子都不接受自己是女人，男孩子一般没有这个问题。基本上从小到大，父母都有意无意间透露喜欢生男孩子的愿望，女儿听到后，会觉得自己不受欢迎，出于对父母的忠诚，把男孩子的事情全做了，在外面各种表现都像男孩，可以称为女汉子。最后自己也分不清楚自己是男是女，当遇到另外一半时，作为女人的那一部分需求出来了，但是无法用女孩子的方式表达，却经常以比男人更男人的方式压倒对方，导致婚姻破裂是经常的事。

性别的威力很大。这不单是一个家族，甚至整个文化传统。接受自己的性别，才能建立亲密关系，才能对未来的幸福家庭开道。

系统排列的实践发现，亲子问题往往出现在这三个方面，要么不接受自己的生命或不接受父母；要么不知道自己是谁，属于哪个家族；或者没有承认自己的性别，跟异性的关系就会非常复杂。

所以，首先要接受自己的三个事实：独特的生命，清晰的身份，自己的性别。

亲子关系的平衡性

亲子之间的平衡法则是：父母给予，孩子接受，然后传承下去。

整体法则跟平衡法则分不开。勉强区分的话，整体发展决定了父母孩子是什么，平衡法则包含更多的是亲子之间能做什么。整体法则更多牵涉生命层面，平衡法则更多涉及爱的层面。孩子从父母那里得到了生命、身份和性别。这些是生命最核心的东西，系统排列观察到的是最原始的爱、原本的爱，只因生命出现就存在的爱，在孩子出现那一刻已经存在。但在日常生活中，却不是人人能感受到这份原始的爱。

亲子关系里的平衡，不是交换式的，而是传递式的。父母给子女，子女如果要平衡父母所给，只能把它传下去。这是亲子关系和两性关系不一样的地方。那么，父母给子女什么？子女能给父母什么呢？

首先，在生命层面上来讲，通过父母，孩子得到的生命，孩子是无法还的。当然从父母那里得到的身份，也是还不了。性别也真的改不了，改动的只是自己身体上某些性器官的割除，或者增加一些假的器官、改变的外表，跟自己意识中自己对性别的认同一致而已。并不是真的变性。

把父母给予的生命层次的东西，传下去才能获得真正的平衡。

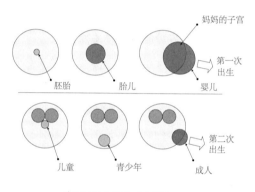

亲子关系的生命历程
创造 — 养育 — 分离

理想的亲子关系是通过父母，孩子得到了独一无二的生命。在妈妈的子宫中孩子得到了充分的养育，成为可以自己生存的个体，然后出生。

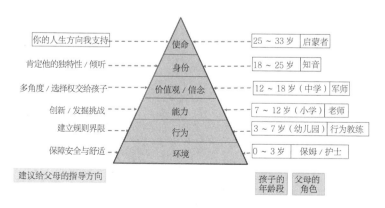

孩子的成长阶段与父母的角色

再理想一点的亲子关系，是父母在孩子成长的不同过程中，给予孩子该发展阶段所需要的东西。

0～3岁的时候，父母做好保姆（护士）的角色，保证孩子的温饱安全，尤其是妈妈，母乳哺育，多些拥抱，给予足够的爱、关注。这样，孩子的安全感、无条件被爱、自我的价值感就会被建立好。

3～7岁的时候，父母做好行为教练的角色，鼓励孩子探索、好奇，让孩子知道什么是危险、界限、群体的规则等，让孩子既有好奇心，也能知道如何融入周边的世界。

7～12岁的时候，父母做好另一种老师的角色，用启发的方法引导孩子发问，建立好自己探索所需各种能力的基本功。

12～18岁的时候，孩子自己开始独立，父母的角色更加后退，只作为孩子的军师（顾问），让孩子自己充分体验世界，包括学业、自己的伙伴、恋爱尝试、对世界的独立思考等。父母只引导他们如何思考问题，放手让他们自己决定。

18～25岁的时候，能允许自己跟孩子像知心朋友一样，只需要理解他们，不需要再提供什么帮助，让他们充分地展现自己。

25～33岁的时候，孩子完全独立，要走自己的道路，这时候父母只能给他一些启发，让他能找到自己的人生道路。

但是，现实世界很多时候没有这么理想。系统排列的个案中，我们所看到的情形更多是这样的。

0～3，岁父母一方或全部不在身边，孩子没安全感，感受不到爱，亲子关系中断创伤。

3～7岁，孩子在父母的打骂、否定中成长。如果0～7岁孩子都跟父母分开的话，最严重的情况是，孩子自己身体感觉全部关闭，同时，把情感开关也关闭了。所以孩子跟父母很难接近。

7～12岁，父母只关心成绩，成绩不达标，就诸般惩罚，没有肯定。

12～18岁，父母禁止孩子的其他发展，还是只关心成绩，要孩子听话，结果压力越大，反抗越大。

18～25岁，孩子远离父母，父母却仍然对孩子诸般控制。或者孩子小时候没在一起，突然发现孩子要走了，想恢复0～3岁孩子在身边的感觉。

25～33岁，孩子成年，要走自己的路，父母认为不好，插手孩子的感情和事业。

系统排列发现，就算孩子经历了上述种种对待，很多还是非常孝顺父母，一直照顾父母，希望父母开心。系统排列认为，孝顺父母几乎是天性，不用鼓吹。偏偏中国的很多孩子都活在纠结之中，一方面从小到大自己"被爱"的需要没有得到满足，有创伤，"怨恨"父母，这妨碍了他们自然爱父母的本性。

另一方面，父母有错，不敢去提，还是跟着父母走，甚至有时婚姻都被父母主导；情感上却依然依赖父母，离开又不行；但是父母这样对自己，自己要么不想结婚生子，要么父母怎么对自己，自己就这么对孩子。

亲子之间，对爱造成伤害的大致上有三种情况。

- **孩子拒绝接受父母（不接受真实的父母）。**

因为成长阶段中各种大大小小的负面遭遇，孩子无法得到自己想要的爱，或者父母付出爱的方式太过伤人，孩子不愿意接受父母，甚至否定父母给予了生命、身份、性别这些不能否定的事实。或者孩子幻想自己理想中的父母是怎样的，以此为标准去判断他们的父母。完全忽略父母的背景故事、身处的环境及父母自身的障碍的束缚。

出于个人的良知，孩子对于父母双方都是忠诚的。如果孩子在心中排斥或看不起父母中的一方或双方，他们就感受不到父母给予他们生命的力量和爱，会体验到内在的空虚和不完整，造成种种的心理和情绪问题（例如抑郁的倾向）。

如果孩子仍然拒绝接受父母的本质，那很可能是一场孩子的报复游戏。让自己不快乐、失败或受苦，使父母愧疚不安，只是想父母去体验一把自己曾经受过的痛苦。很多人宁愿让自己在这种处境中跟父母一起痛苦，也不肯尝试其他的出路。他们想让父母还给他一个快乐的童年，即使这只是个幻想。

如果孩子的确被父母伤害过,比如亲子关系中断、打骂、虐待、忽视等,孩子本身是会有创伤的,创伤的记忆有身体上的、心理上的、情感上的、关系上的,还可能有人格障碍。要他们接受父母是很困难的,通常需要先做"创伤解冻",把身体的感觉打通,然后让他们理解父母的处境,有时候只能跟"父母的本质"连接,表达自己被压制已久的情绪,说出情绪背后的需求,然后才能让他们接受父母。

当孩子创伤解冻,把自己内心该表达的都表达完了,接受了父母,就能够克服他们童年时代所受的痛苦,学会快乐地生活。这样,他们的父母就会感到欣慰,双方都可以因此而解脱。

● 父母想给或孩子想接受一些有害的东西。

这些有害的东西,我们可以简称为债务。家族中的债务,依据严重程度不同,影响范围不同,可以分成情债、钱债、命债。

第一种有害的东西,影响孩子最普遍的是情债,情债可以定义为情感的缺失,表达的方式多数是负面的情绪,如憎恨、愤怒、委屈、伤心等。还有那些错误狭隘的价值观,比如男人没有一个好东西、不合理的期待、你要是男孩该有多好等。

举个典型的例子,爸爸因为某些事离开妈妈,妈妈觉得自己付出很多,却被辜负,是爸爸亏欠了她,对爸爸产生憎恨、愤怒、委屈、伤心等情绪,然后有意识或无意识地向孩子倾诉,让孩子对爸爸产生同样的情绪,甚至更加强烈,因为除了自己的情绪外,还叠加了母亲的情绪。爸爸离开的是妈妈,情感亏欠与否是两人之间的事,爸爸可能还非常爱孩子,完全尽了做父亲的责任。但是,孩子受妈妈的影响,孩子会认为一切都是爸爸的错,都是他害的!对父亲的情绪,基本上是为妈妈讨债。进而不尊重父亲、不接受父亲等。这样就断了与父亲的亲子连接,内心空虚,同时另一面又非常需要父亲,一直活在自己内在的争斗之中。

所以,父母之间的情感事情,不能把孩子牵连进来,自己的问题自己解决。不能拉着孩子倾诉,让他们站在自己的那边。反而要时刻注意维护另一半,让孩子不会失去父母任何一方。作为子女,不能干预父母之间的事情,父母就算分开,解体的只是夫妻关系，不是亲子关系。父母就算不在一起，孩子仍然是父母共同的孩子。

孩子必须学习家庭系统中每段关系的界限，区分自己的独立性，在生命层面连接父母，在情感和情绪层面区分彼此，认清每段关系中的权利和责任。这就是对于父母"觉悟的爱"。

已经受影响的孩子，要对自己的情绪有觉察，在上述例子中，要跟母亲在这种情感债务上划清界限，心灵里要跟妈妈说："妈妈，这份憎恨是你的，不是我的。对于我来讲，父母一样重要，我需要你，也需要爸爸。我只是后代，你们之间的事情我无权干涉，那是你们的事情，我做不了你们的法官。我只需要知道，有你们作为我的父母就足够了。通过你们，我得到了生命，这就是我最幸运的事。爸爸，你做过的事情，让我很痛苦，不想连接你，同时，我的心里面一直是爱你的，跟我爱妈妈一样。现在我要去享受我自己的生命，请你们都祝福我。" 当孩子能这样面对的时候，自己的心灵才能解脱。把生活的焦点放在自己的生命和自己的未来上。

成为父亲和母亲，生养孩子是传承生命最基本的需要，跟父母的好坏没关系。对于父母任何的道德评判都是有害的，无助于爱的流动。

第二种有害的东西，是钱债。意思是父母通过自身的不正当行为，使用特权得到了"不义之财"、犯罪抢劫的他人的财产、偷窃了他人财物、侵占了他人地方而又没有给予相应的赔偿、自己的财富是建立在伤害其他人的生命上等，所有这些所谓的财富，在系统排列中呈现的都是"债务"，父母如果不去自己面对、忏悔、补偿的话，那么后代就会是受害人。最直接的结果是后代把上代累积的不义之财全部散掉。

如果更进一步涉及命债的话，因为牺牲了他人生命，自己才得到财富的话，那后代中的情绪问题、精神问题、关系问题会非常严重，后代中甚至会出现大量非自然死亡事件。

不管出现什么债务，解决的最快途径是肇事者自己去面对、接受相应的惩罚。

如果加害者这代没解决的话，通常由后代解决。解决之道是后代先要正视上代做过的事情，尊重和祭奠所有的人，包括加害者和受害者。德国总理向波兰的以色列屠杀纪念碑下跪，德国人从此能站起来。在以色列有一座大屠杀纪念馆，里面有600万受害犹太人的名字，包括所有被害儿童的名字，还有他们的生平故事。同时，还有那些杀害他们的纳粹军人的名字和他们的生平故事。里面没有评判，只有属于人的故事。

系统排列在德国有过一个案例，一位女士生命中非常愧疚，因为她的父亲是纳粹医生，做了很多犹太儿童的活体实验，接受排列后仍然痛苦。导师的建议是她以后建立一座孤儿院，专门收留那些无依无靠的儿童。

正视历史，面对真相，不加评判地尊重及祭奠所有人，吸取前人的教训，找到生命和自然的规律，真正尊重每一个生命，然后在自己的生命中做些顺应这些规律，更好服务生命的事情。这是系统排列总结下来的"解决之道"。

遗产是父母给孩子的礼物，孩子需要小心研究这些遗产的来源。如果这些是上述所说的债务，那么不接受，或者捐给慈善机构，对自己更好。如果来源正当，则需对父母存有感恩之情，因为这些不是靠自己努力得来的，属于不劳而获的东西，计较多少对自己有害，同时给后人建立了一个非常不好的榜样，种下了家庭纠纷的种子。

- 父母向孩子索取，孩子也想给父母。

常见的情况是，当伴侣的需求未被满足时，伴侣没有向对方要求，也没有向自己的父母求助，而是把需求的对象指向了孩子。比如，婚姻中不满足的妈妈，不去面对跟丈夫的关系，反而拉着儿子安慰自己，儿子成为了自己的心灵伴侣，结果家庭内个人角色颠倒。父亲不是父亲，丈夫不是丈夫，儿子不是儿子。

也有可能，父母一方小时候没有父爱、母爱，孩子长大后，有意识或无意识地把孩子当成了缺失的父母，要孩子进入自己父母的角色，结果要像祖父母那样对父母付出。

用前述的心灵空间理论，就很容易理解。孩子很多时候都被这些父母无意识的期望卷进去，无意识地不断付出，不过却注定失败，永远达不到父母的期望，而且自己活得压力很大，十分纠结痛苦。

亲子关系的次序性

亲子之爱的第三条法则就是次序性法则,父母是父母,孩子是孩子,各自归位。父母表现得像父母,孩子表现得像孩子。大家相互之间尊重对方进入家庭的时间次序,同时尊重各成员的功能时,爱才是流动的。

亲子关系中的次序性是永恒不变的,父母永远是父母,孩子永远是孩子。

在家庭系统中,有两个子系统,即夫妻系统和亲子系统。系统的法则是,**夫妻系统优先于亲子系统**。也就是说家庭要关系美满,必须要以夫妻系统为优先。没有两性夫妻系统,就没有孩子,这是显而易见的事实。这个次序通常在生完孩子之后会被打乱,人总以为孩子很脆弱,这时候要以孩子为优先。而系统排列观察的结果却是,不管父母任何一方以孩子为优先,都会引起另外一方不满,觉得被忽略。但又无法投诉,因为照顾孩子为优先是一个非常占据道德高地的姿态,被认为是理所当然,在他人面前展现好爸爸(好妈妈)的形象。所以被忽略的一方内心郁闷、空虚,很容易向外寻求安慰,种下了夫妻关系不合的种子。相反,伴侣之间能以对方为优先的话,双方反而能同心协力照顾好孩子。

对于孩子来讲,父母一样重要。如果父母有一方强势的话,孩子表面上在跟随强势的一方,但暗地里却在跟随弱势的一方。最常见的是,母亲强势,主导家庭的价值观,孩子们表面上追随,拒绝自己的父亲,暗地里(潜意识)却仿效父亲。

如果孩子从一方那里直接或间接得到"不要像你父亲或母亲那样"的信息,那么这种情况就会出现。长大后会心理纠结,比如母亲要求孩子跟随自己,女儿长大后一方面跟随母亲对父亲的态度,一样非常强势地对待自己的伴侣,另一方面,找到的伴侣很可能跟自己的父亲很像。

所以,要在家庭中充分体验到亲子之爱的流动,必须符合上述的三大次序,简单说来就是:

父母是父母,孩子是孩子;夫妻关系优先于亲子关系;父亲母亲对于孩子一样重要。

第二节 / 亲子关系中的难题

伴侣拿孩子当借口

父母经常告诉孩子,他们在一起的原因都是因为有了孩子,比如因怀孕而结婚,因为想给孩子一个完整的家,所以继续维持婚姻。父母这样说其实是推卸责任的表现,他们为自己的行为负责了,可是后果并不理想,两人都很痛苦。为了合理化痛苦,于是就会对孩子说:"不都是为了你!"而并没有告诉孩子,夫妻之间关系的全部真相。孩子那么小,无法有独立的判断。如果孩子把父母之间的事情看成自己的责任,就把真相扭曲了,会有两个后果:第一,孩子认为自己的地位很高,可以主导父母的关系。所以,孩子长大后,经常干预父母之间的事情,调解他们吵架,甚至帮助他们离婚。第二,孩子看见父母不幸福,非常自责,觉得如果没有自己,父母就不会这样痛苦,可以追寻自己的幸福。这些孩子长大后,很可能成为心理咨询师的常客,不断地去寻求方法,脱离这种痛苦。这两种情况对于孩子的未来都非常不好,前者万一真的安排父母离婚了,就会非常内疚,有自毁倾向。后者一直活在自责的痛苦中。

对于父母来讲,要清楚两人在一起,是双方自己的选择,关系处不好,也是双方的责任,跟孩子无关,不要拿孩子当借口、理由和挡箭牌。

对于孩子来讲，小时候，父母说什么，你就信什么，这可以理解。长大成年后，就需要重新用成熟的眼界和视角去审视父母的这些话，孩子完全没必要为父母的婚姻状态负责，不管他们是否美满。

从系统排列角度来讲，父母之间发生的事，是属于夫妻关系的事情，跟亲子关系无关，也就是说，跟孩子无关。父母不能把孩子牵扯到夫妻关系中去，孩子也不能介入父母之间的关系。

夫妻离婚，孩子的监护权的归属

夫妻离婚，是一件家庭大事。解体的是夫妻关系，不是亲子关系。现行婚姻法的规定非常符合系统排列发现的规律。夫妻离婚后，抚养孩子仍然是夫妻双方的共同责任，仍然是由双方共同完成的行为。谁来监护，怎样监护还是应该双方协定。一般来讲，孩子很难平均分配跟随父亲或母亲的时间。所以指导原则是：父母之中任何一方更能够肯定对方的，孩子可以跟这位多一些，孩子不应该跟随拒绝抚养责任的一方。

收养

收养是否成功主要是看养父母的发心是什么。如果遇到的是孤儿、弃婴、托孤等情况，没有养父母，孩子活不下来，这时候收养是非常有必要的，因为能拯救一个人的生命，甚至是他的命运。如果养父母给了孩子足够多的教养，孩子健康成长，到了成年或者适当的时候，告诉孩子的身世，如果亲生父母还健在的话，允许他们相认，去看他们，也允许他们跟随原姓，让孩子认祖归宗，这样的话孩子早年的不愉快经历就会变成祝福。世界没放弃他，而且既从亲生父母那里得到生命，也从养父母那里得到爱与养育，这样他就知道自己是被祝福的，那么他会很坦然地去享受自己的生命。

什么时候收养会有不好的结果？也是养父母的发心问题。通常的问题有三类：第一，自己膝下无子，要收养一个来继承香火或者养老。第二，父母自己以前曾经有过人工流产，非常后悔，想找一个来替代。第三，把孩子据为己有，以为孩子不知道。当养父母收养孩子是为了自己的需要，填补自己的遗憾，把孩子据为己有的时候，就不是为了孩子自身的利益。在这种情况下，通常孩子跟养父母的关系会很差，养父母给的东西不接受，甚至败掉养父母的财产，很可能有深度的情绪问题，如果知道自己不是亲生的，会疯狂地去寻找自己的原生家族。

养父母能做的事是让孩子的生命继续下去，但是不能替代原生父母，因为他们是给予他们生命的人，尊重他们，尊重这个事实，就会得到孩子的敬重。因为在心灵层面，最适合孩子的，永远是他们的亲生父母。

非婚生子女

从系统角度来看，婚生与非婚生的子女地位是一样的，同样是家庭成员。孩子是没有错误和责任的，他们是父母行为的结果。真正要去面对的，反而是父母。在一夫一妻制的社会中，通常是要以新家庭为优先，也就是说，如果父母一方在婚外有了伴侣，也有孩子的话，比较好的方式是离开原有家庭，跟新的家庭在一起照顾新来的孩子。最差的做法是父母一方跟外面的伴侣有了孩子，以堕胎解决；可以预测，外面的伴侣会离开，自己现有的家庭也维系不了，现有的孩子也受影响。

乱伦

乱伦通常是个家庭问题，父母都可能是加害者，父亲在明，母亲在暗。男女关系中付出与接受之间的失衡，导致孩子变成"祭奠品"，孩子被动或主动奉献给男人，帮助妈妈。当然这些完全是无意识的。

系统排列的姿态是：这个家庭中关系的真相是什么？孩子的最大利益是什么？怎样才能让她找到解脱？

对于女儿来讲，有双重的影响：第一是创伤，她没有能力保护自己，夹杂着该行为本身的羞耻感；第二，她无法再跟着自己的本性去爱父亲；第三，她在暗地里恨母亲，让自己受到这样的对待或者这样的付出。

解决的原则：让孩子从创伤中解冻；消除羞耻感；建立好自己的界限；看到及连接本质的爸爸；看到及连接本质的妈妈；向他们表达自己最深层的爱；把父母的事情交换给他们，自己抽身而出。

第三节 / 亲子关系案例

厌学的孩子

案主：林女士；思念父亲。

背景资料

林女士是一家美国上市公司的人力资源总监，精明能干，手下管理着上万名员工，然而最近却因为高二儿子厌学的问题束手无策，夜夜无眠。儿子在两年前转到一所全英文教育的精英学校后，出现了强烈的厌学情绪，但目前换个学校也来不及了，似乎完全没有退路，儿子跟林女士的沟通也出现问题。林女士认为学校是造成儿子厌学的主要原因，也想要通过系统排列帮助儿子解决厌学问题。

林女士提到自己有两次婚姻，儿子是她和第一任丈夫的孩子，现在的先生因为工作原因和她不在一个城市，因此她只是和儿子住在一起。林女士曾经在两次婚姻中各堕胎过一次，她说自己很想要这两个孩子。

排列呈现

（引入【自己】和【儿子】）

一开始，明昱老师请林女士挑选了自己和儿子的代表，林女士让他们并肩站立。奇怪的是，林女士挑选了一个女孩儿作为儿子的代表。

【自己】觉得自己很不幸，而【儿子】则觉得很累，胸口很堵。

（鉴于林女士认为儿子的问题来自于学校，明昱老师又挑选了一个学校的代表。）

（引入【学校】）

【学校】上场后，【自己】紧紧盯住学校，立刻感觉压力很大，而【儿子】则不愿看【学校】，胳膊稍微有点麻，心里仍旧觉得堵。（可见学校对林女士的影响明显比对儿子的影响更大。）

（引入【爸爸】）

【爸爸】上场后，【儿子】立刻看着【爸爸】，有点想哭，感觉很累，但是无法说出对【爸爸】的思念，并且心里觉得更堵了。（【儿子】心里的堵显然不是来自于学校。林女士表示自己从未在儿子面前说过他父亲的不好，告诉儿子可以和父亲联系，也希望父亲和儿子联系，但在现实生活中父子彼此很少主动联系。）

（引入【现任丈夫】）

【现任丈夫】上场后，【儿子】想要远离他，而【自己】对他也没有感觉，【现任丈夫】感到气愤并走得远远的。（明昱老师挑选了一个男性，代替原来代表林女士儿子的女性）这位男性很容易就表达了对【父亲】的思念，而原来代表儿子的女性立刻感觉到舒服多了。【爸爸】也觉得当代表儿子的男性上场后，他马上感到这才是他的儿子。

（引入【堕胎孩子】）

当【堕胎孩子】上场后，【自己】的悲伤立刻流露出来，哭着说"其实妈妈很想要你们"。

（对被堕胎的孩子们的爱是林女士一直没有面对过的、没有表达过的东西。林女士需要先充分表达出她的伤心和爱，并在心灵里面为这些孩子留一个位置，然后她必须承认这些孩子已经离去的事实,尽管这是非常痛苦的过程。)

引导【自己】对【儿子】:你现在可以只做自己,不需要承担其他人的东西。【儿子】的感觉稍微轻松一些。

明昱老师引导【自己】进一步告诉【儿子】:我和你爸爸的结合和分离都是我的选择,不管我们是合是离,爸爸永远是爸爸,你既可以拥有爸爸,也可以拥有妈妈。

说完这些话,一直站在【自己】身边的【儿子】立刻感到一股向后推的力量。当【自己】对【儿子】说你可以不用陪我后,【儿子】马上走向【爸爸】,那个位置也在【学校】的旁边。【儿子】表示,一直以来,站在妈妈身边都感到紧张,有很大压力,而现在才轻松多了。对于自己站在【学校】旁边,【儿子】感觉也很正常。

系统洞见

表面上看,儿子厌学的原因似乎来自于学校,但实际上儿子一直承担了双重的压力。一重压力来自于母亲无法放下已经离去的堕胎的孩子,把对三个孩子的期望压在一个儿子身上;另一方面,儿子似乎一直承担了母亲伴侣的角色,只有当我们把这两重的压力去掉后,儿子才真正获得自由,厌学的真正原因才得到解决。

女儿不愿上学的真正原因

案主:秦女士;女儿不愿去上学。

背景资料

秦女士因为女儿不愿去学校上学的问题来寻求帮助。孩子12岁,刚刚进了一所重点初中,虽然成绩很好,但不愿去学校,只想待在家里。秦女士说对孩子打也打了,骂也骂了,哄也哄了,但仍旧没有办法。秦女士认为原因是在学校,因为这所学校对学生非常严厉,老师的批评让女儿没面子,且产生恐惧心理,所以不愿去学校。

秦女士是女强人的典型，事业成功。结婚近20年，但和丈夫关系一直不好。秦女士提到，自己丈夫在事业上总是无法超过自己，她承认自己看不起丈夫，甚至蔑视丈夫。最近因为丈夫为女儿不去上学打了女儿，决定要跟丈夫离婚。孩子也同意父母离婚，而且孩子跟爸爸关系也不好。但是秦女士很害怕离婚对女儿造成影响，同时也想看看自己家族过去的事情是不是对孩子有影响。

排列呈现

在排列中，【自己】远离【丈夫】和【女儿】站着，甚至不去看他们，而【丈夫】和【女儿】则远远地非常亲密地站在一起，【女儿】似乎成了慰藉父亲的伴侣。【女儿】丝毫不愿去看【学校】，并且表示蔑视【学校】，她感到和父亲非常亲密，并要在父母的关系中给父亲撑腰。看起来，女儿不上学并不是学校的原因，而是为了陪爸爸。

秦女士的强势态度使她在夫妻关系中筑起了厚厚的墙，【丈夫】表示自己每次试图与她沟通都像海浪打在礁石上被弹回。尽管明昱老师尝试软化秦女士的态度，但很明显，秦女士还需要一些时间转变自己对丈夫的态度，【丈夫】和【女儿】也有同样的感受。秦女士看到，正是自己对丈夫的蔑视态度才是女儿不愿上学的原因，而先学习诚实面对自己是转变的第一步。

当秦女士对【女儿】说"这是我跟你爸爸之间的事情，我会处理，你可以做孩子。我们的事情你不用介入。你可以放心去读书"，【女儿】觉得这样的行为才像妈妈，不过，她仍旧征求了爸爸【丈夫】的同意。当爸爸对【女儿】说"这是我和你妈两人的事，你可以放心去读书"后，【女儿】才终于放下心来，觉得可以去学校了。

系统洞见

坦白讲，不管你的家族里以前发生什么事情，现在你对丈夫的态度才是主导着两人之间关系的最重要的因素，而夫妻关系直接影响到孩子，这是我最为关心的。如果你无法改变对丈夫的态度，就无法改善自己的婚姻，因为在夫妻关系中，最重要的就是尊重，如果一方蔑视另一方，那么超过一半的伴侣会离婚。而且，女儿跟父亲之间的关系也许并不像你认为的那样疏远，因为经验表明，孩子永远站在被蔑视的一方。

愤怒背后的爱

案主：男性，28岁；和父母无法交流，想解决如何更融洽地和父母交流。

背景资料

有过一次婚姻，前妻是单亲家庭，现已离婚，有一个5岁半的女儿。现在有一个女友。案主和前妻在日本认识，因男方想留在日本，女方想回国照顾母亲，两人离婚。双方父母对孩子的事情很纠结，双方父母主张要这个孩子。

案主2岁时被全托，一年中见父母的时间只有2～3个月。爸爸妈妈都是公务员，自由恋爱结婚。爷爷奶奶当时反对父母在一起。案主现在觉得在日本很好，以后老了想在日本养老。案主现在对孩子有压力，对孩子觉得很陌生。

排列呈现

引入【自己】和【女友】感觉都很好。

引入【前妻】、【女儿】。【自己】不断地想逃离【前妻】，【女儿】也想靠近【自己】，但【自己】依旧逃离。

引入案主父母【爸爸】、【妈妈】，【爸爸】很想操控【自己】。

之后，引入前妻父母【前妻父】、【前妻母】，【前妻】表示不舒服。【自己】和【女友】走到场外。

【前妻父】稍离开远一些，【前妻】稍离开一些，明昱老师将【自己】拉近到【妈妈】面前，【自己】与【妈妈】拥抱，案主本人情绪激烈，开始哭泣。

【自己】说：妈妈，你是我的。

【自己】对【爸爸】说：爸爸，我非常生你的气，我恨你，为了妈妈，我可以揍死你。

说完后，【自己】情绪更加激烈，大哭起来，跪在地上，与【父亲】拥抱在一起。

【自己】对【爸爸】说：我恨我自己爱死你，其实，我跟你一样傻，所以，你才是我爸爸。随后，案主代表与【爸爸】紧紧拥抱。

（明昱老师：这是最核心的部分，很多时候我们的爱是用恨来表达的。）

老师继续引导案主对【爸爸】说：爸爸，你不会失去我的，同时，我也长大了，我能独立为自己做决定。

之后，【自己】将【女儿】拉到怀中，对【前妻】说：对不起，其实，我也害怕伤害到你，就好像我爸爸伤害妈妈那样，所以我尽量不伤害你。

明昱老师将【自己】、【前妻】、【女儿】、【女友】按次序呈现在案主本人面前，并对案主本人说：压制自己的暴力，只会让彼此疏远。

个案结束。

系统洞见

通常在愤怒背后，是有一个没有被满足的爱。

亲子关系中断

案主：一位 30 岁左右的女性；就孩子上学问题与父母发生争论。

访谈

案主：我比较担心我父亲，我怀疑他有老年抑郁症。

明昱老师：老年抑郁？我怎么没听过？（笑）

案主：他老是很悲伤，前几天我三叔来看他，他哭了。还有一天他拿着报纸跟我说，这上面说抑郁症怎么怎么样，我觉得我也有。

明昱老师： 报纸上说，抑郁症通常会有一些状况，失眠，我有；不想吃东西，我有；不想跟人交流，我有；不开心，我有……对比着一看，这些症状我都有，怎么样？我有抑郁症。但，这是真的吗？

案主： 但是我担心死了，（哭）我觉得我压力很大。

明昱老师（对团体）： 大家看到了吗？通常我们跟父母相处的时候又做回小孩子的状态。爸爸这么难过，我该怎么办？

案主： 是，我不知道该怎么办。

明昱老师： 通常你做回小孩子的话，父母会更不放心。

案主： （振作了一点）我觉得我爸爸很可怜。

明昱老师： 你把这个念头放下，会怎么样呢？

案主： 他是我父母，我怎么能放下呢？

明昱老师： 是，他是你父母的事实，你不用放下；可是你对父母的情绪，可不可以放下？

案主： 我想让他们快乐，让他们幸福。

明昱老师（对团体）： 给大家讲个故事，有位女士找我，说她父母关系很糟糕，老吵架。我说，你只要不插手就没事儿了。她不信，很生气地回家，问她弟弟（她弟弟跟父母住在一起），父母什么时候会吵架？弟弟说，你回来他们就吵架。

明昱老师（对案主）： 你家里还有什么人呢？

案主： 有弟弟。

（众笑）

明昱老师： 其实我讲这个故事是很随机的。（笑）

案主： 我觉得，是不是跟我儿子也有关系？因为我父母对我和弟弟比较失望，就把全部期望寄托在我儿子身上。我把儿子送到了华德福学校，他们很反对，我们经常发生冲突。

明昱老师：他们为什么反对？

案主：他们觉得孩子应该去一个主流教育学校，体面地上学，以后体面地工作，他们很担心孩子的未来。而我希望孩子幸福，我觉得华德福的理念很好，孩子在里面可以很自由、很快乐。虽然现在看不出效果，但是十几年以后，孩子会成长得很好。但我妈说，十几年以后我都死了，我哪知道效果好不好。

明昱老师：她说的对啊。你送孩子去华德福的确有风险，他们长大之后，要么是社会精英分子，要么很可能是被社会排斥的人。他们可以智力很高，但你不要指望他们在正规考试中拿高分。（对团体）大家知道吗，IT界的两大强人，比尔·盖茨和乔布斯都是从大学退学的人，他们认为读大学是浪费时间。你接不接受读大学是浪费时间？你希望孩子将来做什么？

案主：我希望他的兴趣和工作合一，无论做什么都好。

明昱老师：（对团体）事实上，有些教育理念是很好的，但是接受这种教育长大的孩子，以后很可能会和主流社会格格不入，无法融入。而正统教育呢，虽然问题很多，但是我们别忘了，坐在这里的每一个人也都是正统教育出身。如果正统教育完全没有价值的话，我们今天也不会坐在这里了。（对案主）你送孩子上华德福，就要接受孩子将来遇到的风险可能比你大几倍，甚至十几倍。但华德福也好，主流教育也好，核心问题在于你改变不了父母，你不要强迫父母去接受你的理念。另外，如果你自己还处于青春期的话，你肯定会觉得父母是在跟你作对。我有一个问题你去感受一下，你觉得自己是成年人了吗？

案主：我觉得还不是。

明昱老师：这才是主要问题。我们先来看看吧，先挑一个人做你自己，挑一个人做你父亲，挑一个人做你母亲。

排列呈现

女儿（【案主】）很关注【父亲】，【父亲】在关注【母亲】。接着，引入案主的【弟弟】，【弟弟】站在了姐姐身边，很关注姐姐。【母亲】对这一切似乎都不关注。然后，引入案主的【儿子】，【案主】的眼睛却没有关注【儿子】。之后，又引入案主的【丈夫】，【案主】也没有关注他。【案主】和【弟弟】始终站在一起。

明昱老师：你和弟弟关系太近了。似乎弟弟在这些关系里是第一优先的。

案主：是，我们关系很好。

明昱老师（对代表）：你有什么感觉？

案主代表：我觉得自己和这一切都没什么关系，好像不是一家人似的。

接着，明昱老师把【华德福】排列上来，所有人开始关注【华德福】。然后，又把【正统学校】排列上来，【正统学校】和【母亲】站在了一起。

明昱老师：哦，原来如此。你排斥正统学校，实际上是在排斥妈妈。（对案主代表）试着说这句话，"我不接受妈妈那一套，我可以做个更好的妈妈"。

案主代表：我不接受妈妈那一套，我可以做个更好的妈妈，（说完）嗯，有些放松。

明昱老师（对案主代表）：你最想逃避谁，你就走到那里去。

案主代表走到母亲身边，开始流泪。

案主：我对我母亲是有很大的不满。

明昱老师（对代表）：看来你真正要解决的是母女关系，其他都是表象，跟孩子在什么地方上学没太大关系。

案主：我小时候是在姥姥家长大的，到了上学的年纪，才回到爸爸妈妈身边。我跟我姥姥感情比较深。

明昱老师：但你姥姥不是你妈。

明昱老师让案主直接面对【妈妈】，案主不愿意靠近【妈妈】，脸上出现委屈的表情，同时嘴巴紧闭。明昱老师引导案主说："妈妈，我伤心，我愤怒，我真的很生气，你把我送走。"说这些话的时候，案主开始放松下来，同时，泪水涌出。接着，她自己跟【妈妈】说："妈妈，我觉得很委屈。虽然我知道你是妈妈，但是我没有把你当成妈妈。"明昱老师继续引导她说："其实我需要一个妈妈。"

说完这些话,【妈妈】也感到轻松了。

接着,明昱老师引导【妈妈】走过去拥抱案主,案主一开始很抗拒。明昱老师引导她回到刚出生那一刻的感觉,她开始放松下来,能够接受妈妈的拥抱。明昱老师引导她说:"妈妈,妈妈,妈妈,妈妈……"案主开始大哭起来。【妈妈】看到这种情况,紧紧地拥抱着她。

接着,明昱老师引入【姥姥】,从背后拥抱案主。然后,明昱老师请助教在房间的一角铺上垫子,请三个人躺到垫子上,盖上被子,让【姥姥】和【妈妈】紧紧地抱住案主,三人这样躺了一会儿。

系统洞见

亲子关系中断创伤,引发的问题很深刻。身体层面冻结僵硬;情感层面麻木冷漠;关系层面跟父母疏远不亲。他们感觉抚养人更像父母,家庭中关系错位。很多时候也影响到两性关系,要么远离异性,要么对异性一方面渴望拥有,一旦接近,又勾起童年跟父母分离的痛苦,十分纠结。只有亲子关系中断创伤解决了,才能获得高质量的亲子关系和两性关系。

母亲自己的身世,影响跟下一代的关系

案主:一位 40 多岁的女士;诉求是处理和妈妈的关系。

访谈

案主: 我想处理一下和母亲的关系。我们分开时还好,但在一起时,我总有压抑不了的愤怒。

明昱老师: 何时开始的呢?

案主: 青春期吧。我大学时,就想离开,逃离她的控制。

明昱老师: 大概什么时候有这样的情绪反应呢?

案主：我初一、初二时，有一次去了个类似 party 的地方，回来妈妈骂了我。当晚我离家出走，去同学家住了一个晚上。我觉得她打击我，所以我两次高考都没考好。后来，我一直离开她。最后，因为父亲身体的缘故（父亲得了肝硬化），我回到母亲身边。爸爸四年前去世了。现在我母亲和妹妹住在一起（案主开始流泪）。

明昱老师：你的期望是什么？

案主：我希望跟她在一起时，能比较好过一点。

明昱老师：有点难度，因为一旦人们彼此间有了怨气，是很难化解的。你真的跟妈妈有问题吗？我还有点怀疑。排排吧，看看真实的问题是什么。

排列呈现

明昱老师请案主选出自己和母亲的代表（【自己】、【妈妈】）。案主选择了一个 20 多岁的年轻女孩代表自己。

排列中，【妈妈】在接近【自己】，但是【自己】却在逃离【妈妈】的接近。

【自己】：妈妈一靠近，我的腰部就很热，想要离开。

【妈妈】：我关注她。她逃离，让我难过。

【自己】：有一种莫名的重的、暖的气，从后背上升，包裹住头部。背上非常热。也不觉得特别想要看哪里。

【妈妈】：看到她这个样子，我想看地上某个地方。

【自己】又开始移动。【妈妈】无法靠近女儿，但女儿一移动，她就很想靠近。

【妈妈】表示，自己的背很重，有点直不起腰来。

【自己】和【妈妈】同时表示，自己觉得背上发麻。两个人都低着头。

明昱老师问案主本人："是否家里只有你和你妹妹两姐妹呢？"

案主回答："在我之前和之后，妈妈还有两个流产的男孩。"

明昱老师让两位男士（代表堕胎男孩）坐在【妈妈】关注的地方。他们出现后，也跟着坐下。【妈妈】低着头，身体向左侧倾斜。而【自己】则在被堕掉的兄弟边站立，背对【妈妈】。如下图。

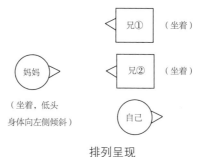

排列呈现

注：兄1、兄2代表两个堕胎男孩

明昱老师询问案主本人，有关她母亲的经历。案主回答说："妈妈在家里，共有8个兄弟姐妹。她排行是倒数第二。她从小被送到了一个上海资本家的家里。表面上说起来，是给人家当女儿，实际上是个丫鬟。"

于是，明昱老师引入案主的【外公】、【外婆】，【妈妈】转身面对他们坐着，但案主代表（【自己】）却仍然无反应。

之后，明昱老师做了一些测试，依次加入了案主父亲、案主妈妈的兄弟姐妹、妈妈的养父母等各种元素，但对场上都无甚影响，因此这些元素又被依次撤下。于是，明昱老师加入了【X元素】，表示影响场域的未知元素。

【X元素】上场后，躺下，正好是【妈妈】最初身体倾斜所指的方向。同时，【妈妈】受到强烈影响，感觉痛苦、难受。而【自己】也立刻转身，且坐下，在动作上与【妈妈】相同一致，而感觉上也与【妈妈】同步，感到难受。

【外婆】感觉手很凉，想蹲下，身体一阵冷一阵热。【外公】觉得对【妈妈】很愧疚。

【外婆】尝试上前抚摸【妈妈】，【妈妈】尖声惊叫，觉得是那个躺在地上的【X元素】在摸自己，非常惊骇。

明昱老师增加案主的曾外婆上场。【妈妈】反映："能感觉到那个人，但是看不到她的脸。"

明昱老师根据现场的状况做出猜测，可能曾外婆为了生活的缘故，将案主妈妈的某个妹妹给杀了。而外公外婆为了保全案主妈妈的性命，出于无奈，只能将妈妈送走。

明昱老师引导【外婆】说："把你送走是唯一的选择。只有这样，你才能活下来。"

【妈妈】说："我不信。"

明昱老师引导【外公】说："是我把你送走的。"

明昱老师又引导【外婆】说："其实妈妈心中一直有你。"

【妈妈】表示："我觉得妈妈没有用，连自己的孩子也没法保护。"

【外婆】却表示："我一点愧疚都没有，我觉得自己做的是对的。"

明昱老师引导【外婆】说："你去了那个家，才能活得好。"

【妈妈】却倔强地回答："我好不好自己知道，你们不知道。"

明昱老师向大家说："谁在叛逆？是妈妈。"

【外婆】表示："我没有愧疚，我只关注她是否活着。"于是，明昱老师引导【外婆】说："这是当时我们唯一的选择。"

明昱老师引导【自己】看着【妈妈】，说："妈妈，你所经历的，其实我都感觉到了。其实你也不愿和你的妈妈接近。"（这句话说完，案主本人开始哭泣。）

明昱老师拉着【自己】看着【外婆】，说："外婆，其实我想你。"说完，【自己】哭泣着，与【外婆】相拥。

这时明昱老师撤下【曾外婆】和【X元素】。

在明昱老师的引导下，【妈妈】说道："我恨男人，所以我要把身边的男人都赶走。"

明昱老师继续引导【妈妈】说："包括我的儿子。"但是，【妈妈】摇头，说："我不要男人，但要儿子。"说完，【妈妈】蹲下，面对两个【堕胎的小孩】。

【外公】对【妈妈】说："我的心其实已经跟你走了。"

明昱老师引导【自己】对【妈妈】说:"妈妈,其实,我是理解你的。"这句话说完,【妈妈】上前与【自己】拥抱,但【妈妈】却像个小孩,而【自己】却像母亲一样抱着【妈妈】。

明昱老师继续引导【自己】说:"妈妈,其实我只能做你女儿。同时,我替代不了死去的哥哥,我是个女孩儿……妈妈,其实女孩儿和男孩儿一样好。"说完,【自己】哭泣,而【妈妈】安抚她。

明昱老师引导【妈妈】和【自己】都站起来,又引导【自己】说:"妈妈,你的确受了很多苦。但是现在一切都过去了。我们现在过得很好。"

【自己】和【妈妈】相拥,个案结束。

系统洞见

系统排列案例中经常出现的是,上一代如果有未了的事情,比如创伤或者未能面对自己的重大过失,那么这种影响会传给下一代。上一代的愤怒、悲伤等情绪会传给后代。虽然这些情绪跟后代本人的经历无关,但后代出于对父母的爱,潜意识中想帮助父母,替父母承担或还债,把自己搞得很累、很痛苦。看见真相,承认尊重,同时活在当下,才是解决之道。

封闭的心灵

案主:李先生;诉求打开封闭的心。

背景资料

李先生是一个沉默寡言的人。他和妻子一同来到工作坊。李先生说自己的心好像很难打开,对妻子也是一样。特别当妻子变得强势的时候,他会变得更封闭。李先生说自己3岁前由奶奶带大,因为当时母亲需要在乡下工作。另外,父母在他初中时都失业了,每天必须起早贪黑地去打工,当时家庭非常困难,那是他最孤独、最困难的时刻。李先生还提到，曾经有一段时间，父亲经常在晚上一个人外出看电影，而母亲说爸爸有外遇，虽然她抓不到证据。在整个访谈期间，李先生的声音都很低沉缓慢，显然他压抑了很多情感。

明昱老师：我们来测试一下这个事件对你的影响。试着说这句："爸爸，别走""爸爸，我情愿走的是我"。

李先生：（情绪明显激动起来）爸爸，别走。爸爸，我情愿走的是我。（声音哽咽）

明昱老师：看来这个事情有很大影响。我们先来呈现一下，挑代表排出你的原生家庭。

排列呈现

李先生排出了【自己】、【姐姐】和【父亲】、【母亲】。从排列中看到，实际上想离开家庭的是母亲，她远远走到一旁。而姐姐站到了本来母亲应该站的位置，试图陪伴父亲。而李先生很难走近父母中的任何一个，他一直在逃避父母。

明昱老师让李先生的代表【自己】"越不想去哪里，就去到哪里"。【自己】走到了【母亲】身边。但【母亲】却不愿意看【自己】，明显是被其他的事情所牵引。当【外婆】、【外公】被引入后，【母亲】立刻走到自己父母身旁。原来，李先生的外婆很早去世，而外公在"文革"期间受到批斗，李先生母亲的心思一直在自己的父母身上，尤其想陪伴酗酒的外公，她的心无法在自己的家庭里。

明昱老师：我请你看清楚，其实这个家庭里最孤独的人是谁？

李先生：（流泪）父亲。

明昱老师：被你一直有点看不起的父亲才是家庭中最孤独的人，但是父亲一直没有放弃家庭，放弃自己的责任，他一直在撑着整个家。

李先生：（内心明显受到了触动，泪流不止）

明昱老师引导李先生对【父亲】说："爸爸，以前我一直有点看不起你，我没有看清你的内心，现在，我作为你的孩子，真正看清你。"说完这番话后，李先生感到伤心。随后，他对【父亲】承认："爸爸，我其实需要你。"李先生终于表达了自己内心压抑的情感，和【父亲】拥抱在一起。

系统洞见

案主的心理创伤有三层：第一层是 0～3 岁不在父母身边；第二层是母亲被自己的原生家庭发生的事情牵引，心不在，爸爸很寂寞；第三层是母亲对孩子说爸爸有外遇，令孩子跟自己站成统一战线，无法接近父亲。这些都是心灵封闭的原因。同时，孩子的潜意识想保护全家，才有"爸爸，我情愿走的是我"。

认清真实的父亲，清楚表达自己对爸爸的需要，才能把封闭的心灵重新打开。

接纳妈妈

案主：一位三十多岁的女性；害怕母亲。

访谈

案主：我离婚了，现在跟父母住在一起。我觉得活得很紧张，只要我妈妈一发脾气，我就很害怕。我跟妈妈沟通有问题，虽然我知道她很爱我，但是我就是怕她，无法亲近她。

明昱老师：你可以亲近她，但你现在已经这么大了，亲近之后，你要独立，你应该有自己的独立生活，做一个成年女性才有可能接近妈妈。

案主：我意识上知道要独立，但现实上好像跟他们分不开，一直是一个想讨好母亲的小孩。

明昱老师：你小时候跟妈妈分开过吗？

案主：我小时候是爷爷奶奶带大的。五六岁的时候，他们接我回来。

明昱老师：我们来看一看，挑一个代表你，挑一个代表你妈妈。

排列呈现

引入案主和妈妈的代表（【自己】和【妈妈】）。两人离得很远，【自己】不想看【妈妈】，倒是【妈妈】一直在关注【自己】。接着，明昱老师把爷爷、奶奶的代表（【爷爷】、【奶奶】）排列上来。【自己】走向【爷爷】、【奶奶】，充满感情地看着【爷爷】、【奶奶】。

明昱老师（对案主）：似乎在你心里，把爷爷、奶奶当成了爸爸、妈妈。

案主：是，他们来接我的时候，我很抗拒，不想离开爷爷、奶奶。

明昱老师：当你这样想的时候，你猜你妈妈会怎样？

案主：她会怕爷爷、奶奶把我惯坏了。

明昱老师：不是。你看看你妈妈。

【妈妈】站在一边，很凄凉地看着自己的女儿站在【爷爷】、【奶奶】身边。妈妈一直看着女儿，渴望女儿关注她，女儿却连看都不看她一眼。接着，【妈妈】开始生气，来到【爷爷】、【奶奶】身边，想把女儿带走。女儿却一直躲避，【爷爷】、【奶奶】也在一旁护着，不让【妈妈】把女儿带走。双方陷入僵局。

明昱老师（对案主）：以前出现过这类场景，不是吗？

案主：（流泪）是。

明昱老师：问题是，小时候你可以躲在那里，长大之后，你该知道谁是妈妈，你要承认妈妈，接纳妈妈。你不认妈妈，妈妈能不愤怒吗？你心里不认她当妈妈，你就感受不到妈妈的爱。

随后，明昱老师让代表们把"时间"调到现在。然后，把爸爸的代表（【爸爸】）排列上来，长大了的女儿直接走到【爸爸】身边，仍然远远地躲着【妈妈】。【妈妈】在一旁怒目而视。

【妈妈】：这孩子非常可恶，躲那么远干嘛，我会吃了你吗？

【自己】：我很怕妈妈。

明昱老师（对案主本人）：这是另外一个冲突，你只想靠近爸爸，不想接近妈妈。你什么都做，就是不做"妈妈的女儿"。

看清现状后，明昱老师引导女儿靠近【妈妈】，让她对【妈妈】说："不管我认不认,你都是我妈。"【妈妈】听到这句话,很愤怒。女儿一看到【妈妈】生气,立刻开始后退,很害怕的样子。

明昱老师继续引导女儿说:"妈妈,其实我小时候对你很愤怒。"【自己】说不出这句话,不敢说出这句话。明昱老师重新挑选了一位女士,代表成年的女儿(【女儿】),让她对妈妈说:"妈妈,我小时候分不清谁才是我妈妈。小时候的我对你很愤怒,因为你把我送走。其实,我也想要一个妈妈。其实,我也很想接近你。"说完这些话后,【妈妈】和【女儿】都放松下来。【妈妈】感到理解了【女儿】的感受,主动上前拥抱了【女儿】。

排列结束。

系统洞见

这是非常典型的"亲子关系中断"现象,孩子一方面很愤怒,以为妈妈不要自己了,另一方面又很想感受到母爱。这种孩子式的心态可以维持很长时间,解决方法就是案主自己的成长,以成人心态来理解妈妈、接纳妈妈,同时表达自己的感受,让妈妈理解自己,两人的关系才能真正改善。

单亲不是问题

案主:一位三十多岁的女士;单亲妈妈想处理和女儿的关系。

访谈

案主: 我想处理跟女儿的关系。

明昱老师: 发生了什么?

案主:(流泪)我是单亲妈妈。我怀孕的时候,男朋友离开了我。从女儿出生后,我一直全力照顾她。

明昱老师: 她爸爸在哪里?

案主：杳无音讯。女儿3个月的时候，我突然梦到她跟我说"爸爸，再见！"（哽咽）我不知道在这种情况下，怎么才能最好地照顾她。

明昱老师：单亲并不是问题。孔子，父亲早逝，单亲妈妈带着他，十几岁妈妈又死了。释迦牟尼，没有妈妈，姨母抚养他长大。本世纪的杰出人物，通用电器的总裁韦尔奇，单亲家庭。苹果的总裁乔布斯，被送走的孩子。明白什么意思吗？单亲家庭的孩子，不差！同时他们的经历可能会很不平凡。问题在于，剩下的那个妈妈或爸爸如何去支持孩子走自己的路。

案主：（流泪）您这么说，我才觉得我女儿的经历不平凡。她现在才1岁多，我不知道她再长大一点，我该如何解释。

明昱老师：要告诉孩子，你有爸爸！其实孩子有感觉的，你越避讳，对她伤害越大。不过，如果你将来能够让自己身边再有一位男士的话，他可以给孩子父爱。没有父亲不等于没有父爱。乔布斯的亲生父母把他送人，可是他并不缺少父爱母爱，养父母对他非常好。

案主：可是她现在就有点缺乏安全感，有时我回家晚，她一定等到我回来了才肯睡。

明昱老师：孩子3岁之前跟父母同床睡比较好，3岁以后再考虑分开。

案主：她对我的情绪很敏感，有时我稍微心情不好，她就有感觉。

明昱老师：你以为她什么都不懂？婴儿对父母的了解有时超乎我们的想象。你所做的对她最好的一件事，是让自己快乐起来。问题是，你从开始到现在眼泪不断，这眼泪真是为男朋友而流的吗？

案主：不是。（流泪）

明昱老师：你的爸爸妈妈呢？

案主：我小时候他们就离异了。女儿出生后，妈妈帮我照顾女儿，我们的关系才比较缓和。

明昱老师：我们来看看吧，挑你自己和女儿的代表。

排列呈现

案主代表（【自己】）挽着【女儿】的胳膊，两人紧紧挨在一起。明昱老师引入案主男朋友（【男朋友】）。【男朋友】背对着母女，远远地站在一边。

接着，明昱老师把案主的父母（【父亲】、【母亲】）加入进来，父母站得很远，但眼光都望向【自己】。【母亲】慢慢地移动到【自己】身后，支持她。而【女儿】一直望着自己父亲（【男朋友】）的背影，过了好一会儿，非常缓慢地，【男朋友】转过身，看着【女儿】慢慢靠近。当他终于靠近【女儿】之后，【女儿】主动伸出一只手，拉住爸爸。

明昱老师：（对案主）说不定有一天孩子的父亲会突然出现，你会怎么办？

案主：以前想过揍他，现在连这样的念头也没有了。

【自己】：可是我看到【男朋友】的时候，心里并没有这样的感觉。他拉着【女儿】的手，我感觉很舒服。

明昱老师：（对案主）不管你承不承认，他就是孩子的爸爸。另外，看看你的代表拉着【女儿】的方式，怎么好像你是孩子，女儿成了你的救命稻草。

【自己】：我确实觉得女儿是我的依靠。

明昱老师：（对案主代表）对女儿说"其实，我才是妈妈"。

【自己】：说不出来，我觉得自己还没准备好。

明昱老师：（对案主）看到了？先把这幅画面放在心里，自己去成长。

系统洞见

案主的父母很可能不是和平分手，这样案主其实也受到了创伤，虽然案主生理上已经是成年人，但心理年龄停滞在孩子状态，跟男朋友的相处模式又重复了父母的故事，同时自己也没有准备好做妈妈。

如果她心灵真正成长了，做好妈妈，承认男朋友是孩子的父亲，才是支持女儿。

承认继母的地位

案主：一位 35 岁的单身母亲；个案主题：承认后母的地位。

背景资料

丁女士是一位 35 岁的单身母亲，经营着自己的事业。丁女士从小父母离异，几年前又各自组建了自己的家庭。她目前的问题是，继母不许自己和妹妹探望父亲，给父亲打电话常被继母挂断，送给父亲的东西被凶蛮地扔出来。为此丁女士感到非常伤心、气愤和不解。

丁女士说父亲的这次婚姻是她主持的，父亲和继母住的房子是自己买给他们的，继母回娘家，她还自己花钱买东西给她。在和继母产生矛盾前，还每月给父亲与继母几千元的零花钱。可是为什么继母如此不近人情，阻止她们姐妹去探望父亲？即使自己丝毫没有争家产的意图，她仍怀疑继母是为了家产方面的原因在排斥自己。而且鉴于继母很年轻，她也认为继母与父亲结婚的动机不纯。

另外，丁女士认为既然房子是自己买来送给父亲的，父亲和她有血浓于水的关系，自己也还没有再婚，所以那个家也是自己的家。总之，目前的家庭状况让丁女士内心很纠结，她希望通过排列让家庭更和睦，使得自己随时可以回家看爸爸，保护爸爸。

排列呈现

引入【父亲】、【继母】、【自己】（丁女士的代表）和【妹妹】（丁女士的妹妹）后，【自己】和【继母】一人挽着【父亲】的一只胳膊，而【妹妹】则在拼命拉扯【父亲】，激烈地对抗【继母】，企图争夺【父亲】身边的位置。

（丁女士和妹妹明显侵入了父亲和继母的婚姻空间，没有尊重继母的地位，而是与继母展开争夺父亲的战争。这样的争夺使丁女士的父亲非常为难和尴尬。）

现实中父亲也给丁女士手机留言说他不想那么累。这时坐在一旁观看的丁女士表示，代表们实在活脱脱表现了他们家的景象，甚至连【妹妹】说的话也和现实中妹妹说的话一模一样。她的妹妹的确非常厉害，在婚礼时就当面告诉继母不会承认她的地位，当众让继母下不来台。继母的代表表示自己非常委屈气愤，因而一定要把丈夫拉走，这才是继母驱逐丁女士姐妹的真正原因。

明昱老师（对案主）：你和你妹妹在和继母争夺父亲伴侣的位置，所以造成了你们之间关系的破裂。对你们姊妹来说，要想家庭和睦，从心里真正承认继母的地位是非常重要的。你们必须承认自己只是父亲的女儿，不是父亲的伴侣，而继母才是父亲的伴侣，只有这样，才能让父亲幸福，也才能让自己幸福。如果你一直站在父亲伴侣的位置，不能离开父亲，那不仅会破坏父亲的婚姻，也不可能找到自己的亲密伴侣。同时，如果没有诚心诚意的尊重，带有交换条件的物质馈赠只会让对方产生对抗情绪。尊重不是用物质的多少来衡量，而需要真正的诚意。

当丁女士对父亲说"我是您的女儿，而她才是您的伴侣"后，【父亲】感到心里的一块石头落了地。而当丁女士向【继母】表示了敬意，承认【继母】是父亲伴侣，并表达自己希望作为女儿看望父亲，【继母】也转变了态度，表示她可以接受丁女士看望父亲的请求。

系统洞见

家不是房子，家是父亲、母亲和孩子，即使你的父母已经离异，你仍然拥有父母与自己共同组成的家，虽然那是一个破碎的家。而继母和父亲的家庭不是你的家，虽然你可以是那个房子的业主，但那是另外一个家庭，你要尊重继母在那个家庭中的地位，也不能介入父亲的婚姻。很显然，你介入了父亲的婚姻，那才是继母不欢迎你的原因。

我离不开父母的家

案主：龚女士，40岁，未婚。

背景资料

龚女士一直未婚，与父母住在一起。她觉得自己的生活面临很大的压力，压力来自于父母关系的不融洽。她在事业上没有什么追求，目前也没有交往男朋友，不多的几个朋友都是同性，也没有特别的爱好。

明昱老师：我有一个直觉，你的问题不是家族问题，而是人生目标的问题。没有任何人生目标才是压力的来源。

案主：我也想寻找目标，我曾经几次搬离父母的家，但没过多久，又搬回去了，因为我感到害怕，但是待在家里又感到压力很大。

明昱老师：你有这种感觉，我一点都不奇怪。你40岁了，还一直躲在父母的温室中，不敢走向自己的人生，找到自己的使命。你看自然界的动物，长大以后，都要离开自己的老巢，到旷野中去寻找食物。人也是一样，人需要离开父母养育的温室，到更广阔的天地中去找到人生的价值和目标。如果违背生物成长的自然要求，必然会感到压力。

排列呈现

在排列中，我们看到了家庭系统排列中难得的幸福家庭景象：一家三口紧密地站在一起。可惜的是，龚女士背对自己的人生，面朝父母，依偎在父母身边。即使父母推她向前，她也始终不敢离开父母，转身走向自己的人生。

走向旷野是需要鼓起勇气的，为了支持龚女士，明昱老师挑选了一个代表作为她的勇气，让她看着自己的勇气，获得力量。终于，龚女士和勇气手挽着手，离开父母，一步步走向自己的人生。

系统洞见

有时候问题不是出在家庭成员之间相处不来，这是个典型的"公主病"案例，父母对孩子不是不好，而是家庭太温暖。在温室中成长的小花，面对外面真实的世界，没办法创造出自己的人生。带着勇气，离开父母，就是案主的成人礼。

第四章　转化仪式

用仪式转化"纠缠",让爱自然流动。

在第一章里面，我们列举了很多种盲目的爱的表达方式，都是跟违反了整体、平衡、秩序的三大动力有关，从而导致了关系问题及其他各方面的问题（我们称之为"纠缠"），而且这些"纠缠"是跨代传递的。

系统排列过程分成两大部分，先呈现，后转化。呈现的过程千变万化，需要现场示范、解读、练习、经验累积才能把握其中的要领。一旦呈现出关键的"真相""纠缠"后，转化的步骤其实是相对简单的，通常是用转化仪式来完成。本章会列举一些常见的转化仪式，如果你已经发现"纠缠"模式，使用这些转化仪式会给你一个方向和捷径。如果你不知道自己或当事人的关键问题，那运用这些仪式时会让你发现真正的问题所在。

做这些仪式重点要把握以下几点：

☆ 做转化仪式的当事人，跟自己的内在连接（包括情绪、身体感受）；

☆ 顺其自然，不勉强当事人完成；

☆ 转化仪式包括身体动作和语言（身心一致地做到或说得出来才算真正完成，走形式没有用）。

转化仪式的重要性在于给予当事人的心灵一个强烈的震撼：

☆ 面对最自然的真相；

☆ 面对自己心中最重要的情感；

☆ 生命阶段的终止；

☆ 一个新阶段的出现。

连接—接受父母仪式

连接 — 接受父母仪式

适用范围：当事人不接受父母（或一般练习用）。

注意事项：如果当事人有亲子关系中断、被虐待历史、乱伦经历的话，请先做创伤解冻。

步骤：

1. 选三个人分别代表当事人、父亲、母亲。

2. 当事人先面对三个代表，跟自己内在的感觉连接。当事人允许自己慢慢地向父母及生命移动，在这个过程中表达情绪，例如："爸爸妈妈，我对你们很生气，我很委屈，伤心，我也很内疚，其实，我想你看见我。"

3. 最好的结果是三人拥抱在一起。

4. 过程可以在任何阶段结束，不必勉强。走不近，说明当事人还没预备好。

辅助语言：当事人走到父母亲前大概半米的位置，可以引导当事人说下面的话：

"爸爸妈妈，通过你们我得到了生命。"（事实）

"我是你们的孩子，永远都是。"（整体）

"你们大，我小。"（秩序）

"你们给予，我接受，同时我会传下去。"（平衡）

"我把不属于我的交还给你们。"

"你们是适合我的父母。"(事实)

成人礼

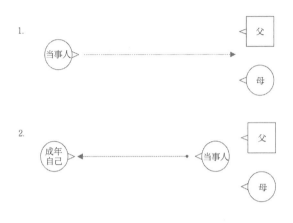

成年礼

当事人自己，另外选择三个代表：父亲、母亲、成年的自己（子人格）。

第1步，跟连接 — 接受父母仪式一样。

第2步如下。

◇ 当事人退后两步，双手接过父母的成人礼物(事先准备好)。

◇ 跟父母说以下的引导词："爸爸妈妈，我长大了，是成年人了，你们给我的已经足够。现在我要离开你们，去走我自己的人生道路，请你们祝福我。同时，你们也会以我为荣的。爸爸妈妈你们永远是我的父母，我爱你们，谢谢！"

◇ 对父母鞠躬，转身，走向自己的未来。

◇ 最好的结果，完成整个流程，既可以连接父母（生命），也可以完成第二次分娩，转身走向成年的自己。

◇ 同样，一起以当事人为中心，走到哪步是哪步，不必勉强。

成家礼

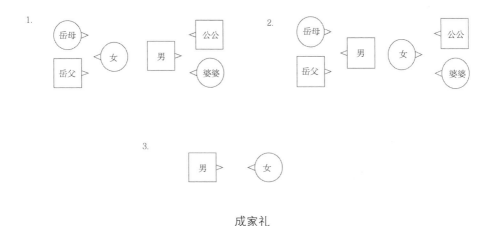

成家礼

当事人男女双方,四个代表分别代表双方的父母。

适用范围:已经结婚,但是心灵仍然跟原生家庭在一起的男女或即将结婚的伴侣。

注意:先确定男女双方是相爱的,自愿而不是被迫在一起。

步骤1　先跟原生家庭分离

◇ 男女双方各自对着自己的父母,距离两步左右。

◇ 引导词:"爸爸、妈妈,我长大了,现在要成家了。伴侣是我选的,我会为自己的幸福负责。感恩你们给我生命,感谢你们把我养大,你们给了我很多,我曾经不懂事,也给了你们很多麻烦。现在我要离开你们,开始自己新的家庭生活了。你们仍然是我的父母,我仍然会孝顺你们。请你们祝福我!"

◇ 拥抱父母,父母为孩子梳头(预备好梳子,分梳仪式),男女退后鞠躬,转身面向对方。

步骤2　先感恩对方的父母

◇ 男女对着对方的父母,距离两步左右。

◇ 引导词："爸妈（跟自己的父母称呼有一点区分），感恩你们给了我这么好的伴侣，全因为你们才有了他（她），现在我要进入你们的生活了，请你们接受我。同时，我要跟你的儿子（女儿）成立自己的家庭，开始我们的新生活，请你们祝福我们。同时，你不会失去你的儿子（女儿），他（她）永远都是你们的孩子。我会待你们如同自己的父母。谢谢！"

◇ 向对方父母鞠躬，有可能的话，跟他们拥抱。

步骤 3　组建新家庭

◇ 男女对望，距离两步左右。

◇ 看着对方的眼睛，说以下的引导词：

"现在我接受你是我的男人（女人），我也作为女人（男人）给你。我们现在共同成立一个自己的家。我会以这个家为重，以你为重。我会给予你我最美好的东西，也接受你给我最美好的东西。我会尽我的责任，也请你尽你的责任。我们共同创造一个属于我们的家庭。谢谢你的父母，把你给了我。请你孝顺他们，我也会一样对他们好。同时，我也尊重你的家族，我们各自的家族一样好。不管你家庭背景怎样，我一样接受。也请你的家族祝福我们。"

◇ 然后慢慢接近，看看能否拥抱。

接受孩子仪式

适用范围：未能出生或夭折的孩子。

注意事项：人工流产的情况下，当事人可能出于麻木的自我保护状态，不可勉强。

当事人接受孩子的前提也必须是自己在成人状态，用母亲的身份面对流产孩子的连接，才有效果。

接受孩子仪式

步骤：

1. 未能出生或夭折的孩子坐在地上，当事人（父亲/母亲）站在一定的距离之外。

2. 当事人（父亲/母亲）看着孩子，慢慢接近。

3. 最好的结果：当事人拥抱孩子，孩子的代表也接受，而且感觉舒服平静。

4. 过程可以在任何阶段结束，不必勉强。走不进，说明当事人还没预备好。

辅助语言：当事人（父亲/母亲）走到孩子前大概半米的位置，可以引导当事人说下面的话：

"你们都是我的孩子，现在爸爸/妈妈来看你们了。"（面对事实，承认真相）

"其实我也很痛苦、很伤心。"（表达被压抑的情绪、情感）

"现在爸爸/妈妈在心里面给你们留个位置。"（整体）

"我允许自己去爱你们。"（平衡）

"你是我们家的老大（老二、老三），你还有一个弟弟（妹妹）。"（秩序）

（如果当事人已经长期心灵里做了上述的步骤，那么可以走下一步。）

"现在，爸爸/妈妈用爱送你们走。"（完成分离）

"请你们祝福爸爸/妈妈，如果我能以后生活得幸福的话。"（请求祝福）

分手仪式

分手仪式

适用范围：曾经爱过、已经分手的伴侣，但是没有清晰或和平分手，心结未了。

注意事项：如果跟前度伴侣的关系中涉及精神或身体虐待的，或跟前度伴侣是被迫在一起的不适用。

步骤：

当事人，还有由他（她）选择一位前度伴侣的代表。

◇ 当事人面对他（她）的前度伴侣，眼睛对望。

◇ 引导当事人说下列的话：

"你曾经是我的男人（女人），我们曾经爱过，也为我们的关系一起努力过。很可惜，最终还是不行，我们分开了，这是事实。在过去的经历中，我们彼此伤害，我承担我的责任，对不起我曾经给你带来伤害，请你原谅。如果要我再选一次，还是会爱上你。现在我们分开了，很遗憾。我会留下你给过我的最美好的东西，也请你也留下我给过你的最美好的东西，谢谢你。在我们的经历中我也学习到很多东西，现在我要开始新生活了，请你祝福我，我也会祝福你。"

◇ 如果跟前度伴侣有孩子的话，再引导当事人说下列的话：

"我们还有共同的孩子，就算我们分开了，你仍然是孩子的爸爸（妈妈），我也是孩子的妈妈（爸爸），你随时可以看他们，他们也随时可以看你，你的地位不变，我们还是孩子父母。"

告别仪式

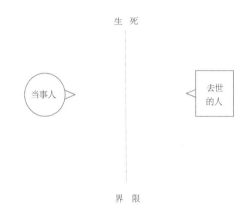

告别仪式

适用范围：当事人不接受亲人去世，甚至有跟随现象。

注意事项：最好在当事人的亲人去世后3年左右才做，亲人刚去世没多久的，当事人还在巨大的悲痛之中，这时候做，效果有限，只能说为当事人指出方向。

步骤：

当事人自己，选择一位代表去世的亲人。地上放一条围巾、绳子都可以，代表生死界限。去世的亲人站在死亡的空间，当事人站在活着的空间。

◇ 当事人面对去世的亲人，跟自己的感觉连接（很可能有悲伤）。

◇ 引导当事人对去世的亲人说：

"爸爸，你走了，这是事实。我想你。"这时候，当事人很可能要去抱爸爸，允许，同时站在生死界限的边缘上，让当事人充分表达思念。当事人平静下来后，退后，引导他（她）说："爸爸，现在我接受你走了这个事实。我用爱送你走，同时，我在世界上还有没有完成的事，当我的时间也到了，我们再见。现在请你继续守护我，祝福我。"向爸爸鞠躬。

回归仪式

回归仪式

适用范围：家族中有被排除（遗忘）的人。

注意事项：首先要用排列呈现这个被遗忘的人是现在家庭关系或其他问题的关键，否则无效。如果家族内不断有声音诉说这个人的不是，那首先要先处理当事人可能对这个人的偏见。

步骤：当事人，选择另一位代表那位被遗忘（排除）的人（例如爷爷）。该过程可以单独做，也可以加插在一个大的排列个案中。

◇ 当事人面对这位被遗忘的亲人，例如爷爷。

◇ 引导当事人说下列的话：

"爷爷，我记得你。不管你做过什么，我们还是一家人，我带你回家。也请你祝福我。"

理想的结果是双方可以拥抱，爱在流动。同样，过程要顺其自然，不能勉强。

归位仪式

适用范围：身份错位的子女。

注意事项：首先要用排列呈现当事人作为孩子，实际上变成了父母的心灵伴侣。

步骤：可以当事人自己进入自己角色，或者全部用代表。

（例如，儿子替代了父亲，成为了妈宝。）

归位仪式

◇ 排列中已经呈现了儿子的错位。

◇ 调整儿子的代表回到孩子的位置上。

◇ 引导儿子的代表对妈妈说：

"妈妈，我只是你的儿子，只能做你的儿子，我做不了你的伴侣，填补不了你的空虚。爸爸才是你的伴侣，我替代不了。"说完向妈妈鞠躬。然后面对爸爸，跟爸爸说："爸爸，妈妈是你的。我只是你的儿子，你才是爸爸。请你接受我是你的儿子。"

◇最好的结果是儿子可以跟爸爸拥抱，然后面对自己的未来或者伴侣。

如果当事人是女儿的话，只需要把对爸爸（妈妈）的程序调一下就可以了。

这个归位的过程，通常是开始新的两性关系，或者现有两性关系和解的前奏。

划清界限仪式

适用范围：成为父母一方同党的子女，跟随或替代，身同感受现象。

注意事项：首先要用排列呈现当事人作为孩子，实际上变成了父母其中一方的同党。

呈现同党/跟随现象　　　　　　　符合爱的序位

划清界限仪式

步骤：可以当事人自己进入自己角色，或者全部用代表。

（例如：女儿跟妈妈站一起，成为了命运共同体。）

◇ 排列中已经呈现了女儿的身同感受、同党的位置。

◇ 调整女儿的代表回到孩子的位置上。

◇ 引导女儿的代表对妈妈说：

"妈妈，其实我太爱你了，你的东西（情绪、态度、身体、关系模式、命运）我都接了，够了，我很累。这样爱你我付出太大的代价。我只是你的孩子，现在，我把属于你的交换给你，这是我尊重你，另一种爱你的方式。如果我能活出自己的生命，请你祝福我。" 然后，可以拥抱妈妈后，分开退后。再转向爸爸，跟他说："爸爸，其实我心里面一直需要你，你跟妈妈一样重要，我是你的女儿。我爱你，也请你祝福我。"

◇ 最好的结果是，女儿也可以跟爸爸拥抱，然后分开，转身。

化解双重转移仪式

适用范围：成为父母一方同党子女，跟随或替代，身同感受现象。同时，孩子对父母另一方的情绪转移到伴侣身上。

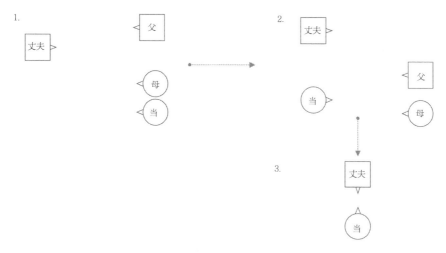

化解双重转移仪式

注：当指当事人。

注意事项：首先要用排列呈现当事人作为孩子，实际上变成了父母其中一方的同党。

步骤：可以当事人自己进入自己角色，或者全部用代表。

（例：女儿跟妈妈站一起，成为了命运共同体。同时，对爸爸的态度，跟对丈夫是一样的。）

◇ 排列中已经呈现了女儿的身同感受、同党的位置。

◇ 调整女儿的代表回到孩子的位置上。

◇ 完成"划清界限仪式"。

◇ 最后让丈夫和当事人面对面，引导当事人对丈夫的代表说：

"对不起，委屈你了。现在我真正看清楚你，你不是我爸爸，你是我的男人。我现在真正做你的女人。如果有可能的话，我们重新再来一次。"

◇ 最好的结果是，当事人可以跟丈夫拥抱。但这只是种可能性，因为之前伤害太深的话，丈夫未必可以马上接受。

这个程序，通常也是两性关系和解的先决条件。

附录　系统排列导师的职业规范

一、当事人的知情权

排列导师在开始前及进行中对于排列个案有充分的解说；排列的题目、排列的方式、能做到的效果、不能做到的效果、费用／付款方式等。；包括广告中给予中肯准确的信息。

二、尊重当事人的价值观

排列导师需要尊重当事人的价值观，避免把自己的价值观或者道德观强加于人；不能包庇或鼓励当事人做出伤人伤己的行为。

三、当事人的隐私

排列导师在任何情况之下，除非有事先书面同意，否则不能向第三方透露当事人的身份或秘密资料。但是，如果有理由相信当事人的生命受到威胁，而透露资料可以协助有关机关保护当事人除外。

四、能力适应原则

排列导师可以处理自己专业及能力范围内的个案。如有当事人的情况已经超出排列导师的能力范围以外，请转介给其他专业人士，例如精神病医生、中医或西医从业人员。

五、排列导师与当事人的关系

排列导师跟当事人的关系，只限于排列个案以及相关的教练、辅导、咨询等工作关系。跟当事人的相处，以当地社会一般的文化及社会礼节为基础，以专业的态度处理。

六、排列导师与当事人的界限管理

排列导师不能滥用当事人对导师的信任，发生包括超越友谊的性关系、超出正常服务费用的财务关系或利用当事人社会关系等。排列导师应注意与当事人之间的移情关系和反移情关系。如果使用反移情技巧的话，事后请跟当事人说明及了结。

七、应该注意的事项

排列导师应注意当事人的健康及精神情况，如果当事人有下列状况，请勿为当事人排列：当事人未成年，需要家长同意；当事人已经怀孕；当事人有急性心脏病；当事人有癫痫症；当事人有严重躁郁倾向；当事人有精神病，并且仍然在服抗精神病药物（最好有他/她的医生陪伴）。

排列导师必要时应鼓励当事人寻求相关的医疗治疗。

八、适当的场合

排列导师应选择舒适安全的场合再开始治疗。如果涉及一对一治疗，而当事人是异性的话，建议有第三者在场。

九、自己无法履行责任

当排列导师自己无法履行责任的时候，应该以当事人的利益优先。预先知会当事人，有可能的话转介其他同等资格的排列导师。

十、同行良性竞争

排列导师自己应不断进修，参加其他受过良好训练的"专业排列导师"的工作坊。同时，鼓励当事人参加这些导师的工作坊。

十一、肯定其他专业和学问

系统排列跟其他学问和专业是互补关系，尤其重要的是排列导师必须学习下列学问、知识或技巧，才能不断提升自己的专业水平。

1. 专业技术类

心理咨询及相关的专业技术；NLP（神经语言程序学）；催眠；教练技术（三阶段、ICF或其他系统）；萨提雅家庭雕塑；完形心理治疗；企业教练技术；九型人格；体感疗法；肌动学；其他。

2. 学术类

哲学；国学；历史；文化；宗教；心理学；社会学；管理学；各种科学，如物理、生物、神经科学等。

十二、持续修炼

治疗师定期参加同类课程，更新自己的知识，接受督导和同行交流；参加不同领域的课程，扩展自己的视野；不断觉察自己，处理自己的情绪，扩展自己对不同程度个案的承受力。